『神戸《こうべ》市《し》戦災概況図《せんさいがいきょうず》』

赤くぬられた部分が空襲《くうしゅう》で被害《ひがい》を受けたところ。1945年2月4日（左下、ピンポイントの濃《こ》い赤色）、3月17日、5月11日、6月5日と合計4回の大きな空襲で神戸市のほぼ全域《ぜんいき》が焼きつくされた。　所蔵：国立公文書館

神戸港

1948年(昭和23年)ごろ、清一郎《せいいちろう》13歳《さい》。〝松代《まつしろ》の学習院(恵愛学園《けいあいがくえん》)〟の前で、仲間たちと。長野県埴科郡松代町《はにしなぐんまつしろまち》(現:長野県長野市松代町)
中央で帽子《ぼうし》をかぶっているのが清一郎。右端《みぎはし》の女性が柳沢優子《やなぎさわまさこ》さん。清一郎の前がタダシ、柳沢さんの前がヤス、ヤスの前がミノル、そのとなりがタカシ。

写真提供:山田清一郎

命のうた

ぼくは路上で生きた
十歳の戦争孤児

竹内早希子
Sakiko Takeuchi

石井　勉・絵

童心社

プロローグ

ある日突然《とつぜん》、両親がいなくなってしまったら。

想像《そうぞう》して眠《ねむ》れなくなったことはありませんか。

迷子《まいご》になって、このまま一生《いっしょう》家族と会えなかったらどうしよう、と泣いたことはありませんか。


「信じられないよね。

自分が今、十歳《さい》くらいの子を見てもね、ほんとにこのくらいのとき、自分は路上《ろじょう》で暮《く》らしてたなんて、やっぱり信じられないなって思うよね」

シタシタと雨が降《ふ》る山の中の公園で、山田清一郎《やまだせいいちろう》さんは言いました。

梅雨《つゆ》のさなか、雨にぬれた緑はみずみずしく、その向こうに、霧《きり》でかすんだ秩父《ちちぶ》の山やまがうっすらと見えます。

「晴れてたら、こっから山がきれいに見えるんだけどなあ。残念《ざんねん》だったねえ」

山田清一郎《やまだせいいちろう》さんはベンチに座《すわ》り、ペットボトルのお茶を二つ、テーブルに出しました。

「はい、これあなたの分。どうぞ」

山田さんは八十五歳《さい》。小柄《こがら》で優《やさ》しそうですが、きびきびと動きまわるので、実《じっ》際《さい》の年齢《ねんれい》よりもはるかに若《わか》く見えます。

「教師《きょうし》ってのは声がでかいんですよ」

声がよく通るのは、三十四年間、埼玉県秩父郡《さいたまけんちちぶぐん》で中学校の先生をしていたからかもしれません。

「生徒《せいと》に『ショート』ってあだなつけられてね、なんでかって？　足が短いからだよ。毎日くだらないことばっかり言って笑って、楽しかったよ」

明るいエネルギーに満ちているように見える山田さんですが、私たちには想像《そうぞう》もできない過去《かこ》を胸《むね》に秘《ひ》めています。

「わたしは十歳で親をなくして、路上で暮《く》らしてた。このことは長いあいだ、だれにも話せなかった……」

山田清一郎さんは一九三五年（昭和十年）、神戸《こうべ》市の三宮《さんのみや》で生まれました。友達にセイちゃんと呼《よ》ばれ、勉強も運動も得意《とくい》なすばしっこい子でした。

セイちゃんはひとりっ子で、東海道線三ノ宮駅《とうかいどうせんさんのみや》（現在も東海道線の駅は三ノ宮、阪急《はんきゅう》電鉄の駅は三宮と表します）の近くの小さな花屋で両親にかわいがられて育ちました。

ところが、戦争という嵐《あらし》が吹《ふ》き荒《あ》れ、神戸大空襲《だいくうしゅう》によって九歳でおとうさんを、十歳でおかあさんをなくし、ひとりぼっちになってしまいました。

きょうだいも頼《たよ》れる親戚《しんせき》もなく、道ばたに放り出されたのです。

浮浪者《ふろうしゃ》、ホームレスという言葉を聞いたことがあるかもしれませんが、当時、〝浮浪児《ふろうじ》〟と呼ばれる家のない子どもが、町じゅう、いや国じゅうにあふれていました。

山田さん——かつてのセイちゃん——と同じように第二次世界大戦で親を失い、戦争孤児《せんそうこじ》になった子どもたちは、日本全国に十二万人以上いたといわれています。

戦争孤児が親をなくした原因《げんいん》はさまざまです。「ありったけの地獄《じごく》を集めた」と表現され、たくさんの民間人を巻《ま》きこんだ沖縄戦、広島、長崎の原子爆弾《げんしばくだん》、一《ひと》晩《ばん》で十万人以上の人が亡《な》くなった東京大空襲《だいくうしゅう》はもちろん、横浜、名古屋、大阪、神戸《こうべ》といった大都市、地方の中小都市もくりかえし空襲を受け、数えきれないほどたくさんの人が亡くなりました。

外地《がいち》（当時日本の領土《りょうど》とされていた、台湾《たいわん》や朝鮮《ちょうせん》（いまの北朝鮮と韓国《かんこく》）、南洋諸島《なんようしょとう》、中国《ちゅうごく》の満《まん》州《しゅう》など）から命からがら逃《に》げてくる途中《とちゅう》で家族を失った子、人混《ひとご》みの中で迷子《まいご》になり、それきり家族と会えないままになった子もいます。

助けてくれる人がいなかった孤児は「浮浪児《ふろうじ》」と呼《よ》ばれ、駅や路上で暮《く》らしました。

大人でも餓死《がし》する人がいた時代です。みんな自分のことで精《せい》いっぱい。親をなくした子どもに優《やさ》しくしたり、守ってくれたりする人は、ほとんどいませんでした。

たくさんの浮浪児が、飢《う》えや病気など、さまざまな原因《げんいん》で人知れず死んでいきました。

なんとか生きのびた子も、浮浪児だった過去をかくし、つらい記憶《きおく》を胸《むね》の奥《おく》に閉《と》じこめ、ひっそりと暮らしてきました。

戦争中から戦後の数年間にかけて、町じゅうにいた浮浪児ですが、その実態《じったい》はほとんど語られることがなく、残っている記録《きろく》もわずかです。

なぜでしょう。

当時、戦争孤児、特に浮浪児として生きた子どもに対する差別はとてもはげしいものでした。浮浪児たちは、生きていくために食べものを盗《ぬす》み、新聞を売った

り靴《くつ》みがきをしたりして暮《く》らしましたが、

「どうしようもない悪いやつら」

「町を汚《よご》して荒《あ》らす、じゃまな存在《そんざい》」

として石を投げられ、水をかけられ、野良犬《のらいぬ》のようにあつかわれました。

浮浪児《ふろうじ》たちは悔《くや》しい思いをしながら、どうすることもできませんでした。

なんとか生きのびて大人になっても、浮浪児だった過去《かこ》を知られると就職《しゅうしょく》を断られたり、結婚《けっこん》できなかったりしました。

山田さん自身も、何十年もの間、人に話すことができませんでした。

「とても人に語れる過去ではない。話したくはない。でも今話さなければ、いったいだれが、仲間たちの声なき声を伝えるのか……」

語りつぐ覚悟《かくご》を決めたのは、六十歳《さい》で教師を定年退職《ていねんたいしょく》したあとのことです。

講演会《こうえんかい》や新聞でとり上げられ、

「えっ、あの人気ものの山田先生が……知らなかった」

と驚《おどろ》き、手紙をくれた元教え子や保護者《ほごしゃ》が少なくありませんでした。

山田さんはペットボトルのお茶を一口飲み、一瞬《いっしゅん》、遠くを見るような目をしました。

「わたしは、十歳のときから、たったひとりで生きてきました。駅の地下道で眠《ねむ》り、生きるために食べ物を盗《ぬす》み、ゴミ箱をあさりました。服はぼろぼろ、足ははだし、垢《あか》だらけでまっ黒な顔をしていました。なによりもつらかったのは、自分には帰るところがない、支えてくれる人がいない、たったひとりだ、という孤独感《こどくかん》でした。

よく、どんなことも、時間がたてば忘《わす》れられる、時間が解決《かいけつ》してくれる、という人がいます。

決して、そんなことはありません。本当に悲しい、つらい体験をすると、何十年経《た》とうと、忘れられるものではないのです……」

神戸港《こうべこう》に立つと、うす青い海から、ほほをなでるように風が吹《ふ》いてきます。風は、海の淡《あわ》い色をふくんだように優《やさ》しく、春の訪《おとず》れが近いことを告《つ》げていま
す。

神戸港の波止場《はとば》（船が着いて人が乗り降《お》りしたり、荷物《にもつ》をおろしたりするところ）の両端《りょうはし》には、一瞬《いっしゅん》ビルと見まちがえそうな、大きな外国の船が二隻《そう》、停泊《ていはく》しています。

山田さんの話を聞いてからしばらくの間、私はセイちゃんの物語を書きはじめることができませんでした。

何か、大切なことを忘《わす》れている気がしました。

この日、私は朝から神戸の町を歩きまわり、いくつかの場所に花を供《そな》え、手をあわせて胸《むね》の中で呼《よ》びかけました。

（みなさんのことを、本に書かせてください。

どうしても、セイちゃんとみなさんのことを、子どもたちに伝えたいのです。

セイちゃんは元気ですよ。

どうか、天国から見守っていてください）

神戸港から歩いて約二十分。三宮《さんのみや》駅近くのそごう神戸店[＊1]。

私は、地下街《ちかがい》から地上に続く、ある階段《かいだん》に腰《こし》をおろしました。

買い物客や店員さんの楽しそうなざわめきが、かすかに聞こえます。

ここは七十年以上前、もうすぐ十歳《さい》になるセイちゃんの運命が大きく変わった場所です。

目を閉《と》じると、ざわめきが遠ざかり、時代が流れていく、風のような音が聞こえはじめたように感じました。

私は目を開き、すうっと息を吸《す》ってノートパソコンを開きました。

セイちゃんと仲間たちの物語が、はじまります。

＊1　そごう神戸店は、二〇一九年十月から「阪急百貨店《はんきゅうひゃっかてん》」に生まれかわりました。

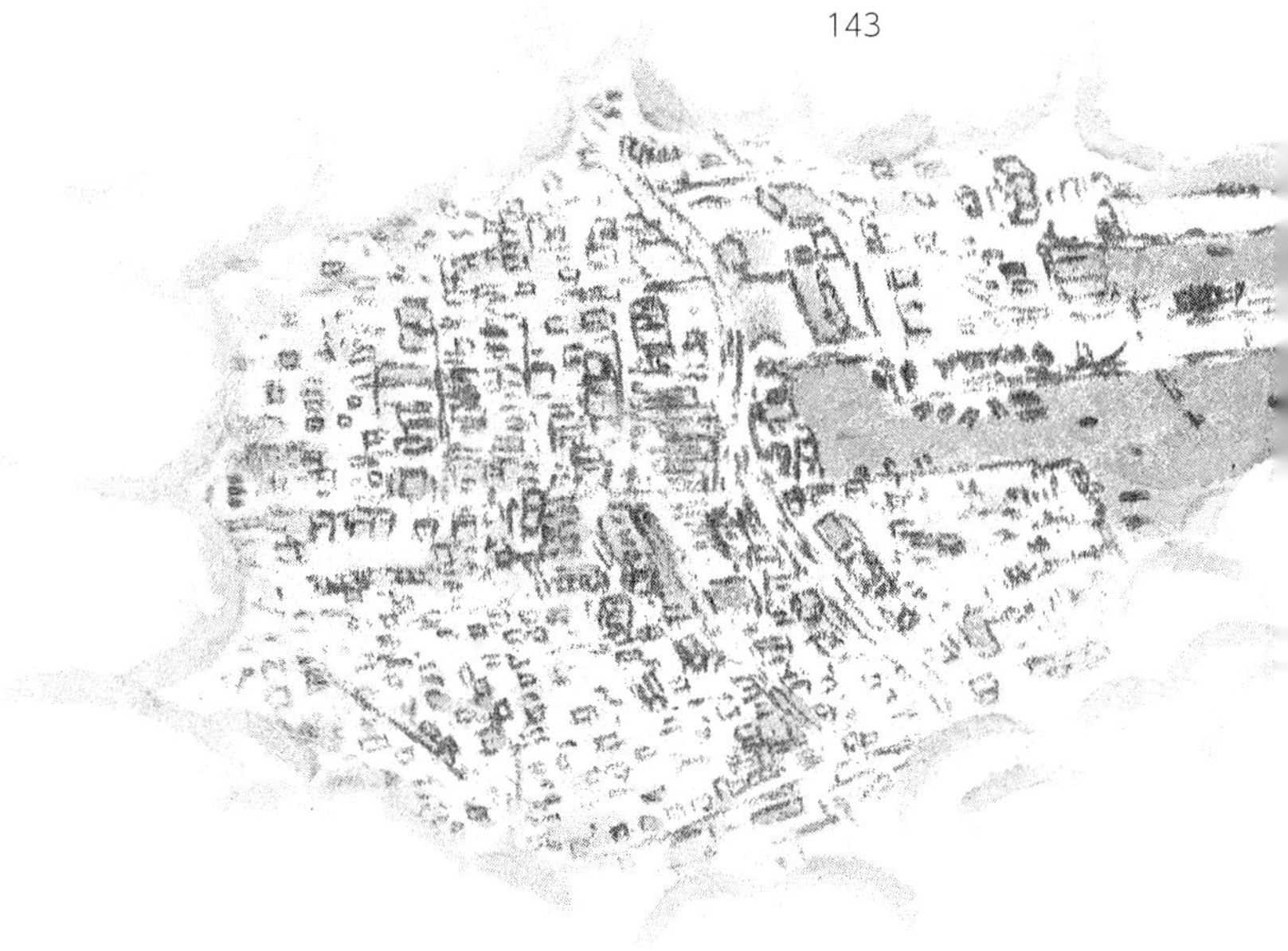

本書は山田清一郎さんの体験談を中心に構成していますが、当時の資料や記録をもとに著者が補足した部分があります。

また、執筆にあたり、同氏のご了解を得て『俺たちは野良犬か！』『奪われたいのちの重さ』（山田清一郎・著／郁朋社）を参考にさせていただきました。

第一章　かあちゃんの歌

兵庫県神戸《こうべ》市《し》葺合区《ふきあいく》御幸通《ごこうどおり》六丁目

（現　神戸市中央区）

一九四五年（昭和二十年）二月七日

ビュウッと投げた雪玉が、友達に命中したところで雪合戦が終わりになったので、清一郎《せいいちろう》はせいせいした気分で歩きはじめました。

山田《やまだ》清一郎は三年生。四月には四年生、十歳《さい》になります。

かあちゃんによく「あんたははしかい子やねぇ」といわれる清一郎にとって、横っ飛びで雪玉をよけるのも、相手のスキをついて命中させるのもお手のものです。はしかい、というのは神戸の方言で、すばしっこい、頭がよくまわる、という意味です。

友達には「セイちゃん」と呼《よ》ばれていて、小柄《こがら》だけどやんちゃで負けずぎらい。いつもそこらじゅうを飛びまわっています。

昼前から降《ふ》り出した雪はあっという間に積もり、道路や路面電車の屋根が白くそまっています。いつもと同じ学校の帰り道なのに、知らない町に来たようで、ちょっぴりわくわくします。

立ち止まって見上げた空は、雨の日とも、くもりの日ともちがう、分厚《ぶあつ》くぬりこめたような白さで、じっと見ていると目の芯《しん》が痛《いた》くなりました。

あとからあとから舞《ま》いおりてくる雪が、ときどき、清一郎のおでこやまぶたでとけていきます。ベロを突《つ》き出してみると、落ちてきた雪がシュッと一瞬《いっしゅん》で消えました。

「ただいまぁ」

雪をはらって家の玄関《げんかん》をがらりと開けると、かあちゃんが、

「おかえりぃ、寒かったろ」

と出てきましたが、びしょびしょの清一郎を見て、あわてて手ぬぐいをとりに奥《おく》へもどっていきました。

フンフンフン、かあちゃんの歌が聞こえてきます。

「あ~おい~つき~よ~の、は~まべ~には~」

ズンチャッチャ、ズンチャッチャ、と三拍子《びょうし》のリズムで、少しさみしいような、なつかしいようなメロディの曲。歌の好きなかあちゃんは、しょっちゅうこの歌を歌っています。

「お~やを、なく~して、な~くと~りの」

かあちゃんの歌は続いていきます。清一郎は、かあちゃんの優《やさ》しい歌声が大好きでした。

「かあちゃん、晩《ばん》ご飯なんや?」

「大根飯《だいこんめし》」

かあちゃんはさらっと答えて台所へ消えました。清一郎のがっかりした顔を見たくないのかもしれません。

（また大根《だいこん》かア……）

来る日も来る日も大根ばっかり。

それに、大根飯《めし》といっても、大根と大根の葉っぱの汁《しる》の中に、ふやけた米がちょっぴり沈《しず》んでいるだけで、「大根汁」といった方がいいくらいです。味がほとんどないうえに、食べてもすぐにおなかがすいてしまいます。

かあちゃんにはしかい子、と言われるとおり、清一郎は勉強も運動も得意《とくい》でした。でも、最近は学校に行ってもおもしろくありません。いざ空襲《くうしゅう》があったとき避難《ひなん》するための防空《ぼうくう》ごう掘《ほ》りや、近くに爆弾《ばくだん》が落ちたときにそなえて地面に体をふせたり、火を消し止めたりする訓練《くんれん》ばかりで、まともな授業《じゅぎょう》はありませんでした。そしてなんといってもつまらないのは、友達に会えないことでした。

半年前の夏、親戚《しんせき》が地方にいる子どもは神戸《こうべ》を離《はな》れて生活するように、という「縁故疎開《えんこそかい》」（疎開：空襲を受ける可能性が高い大都市を離れ、地方で避難生活をすること）

の指示がありました。そして縁故疎開ができない三年生以上の子どもは、学校ごとの集団で地方に移《うつ》って避難生活をする「学童集団疎開《がくどうしゅうだんそかい》」がはじまりました。

三年生の清一郎は、学童集団疎開の対象《たいしょう》でしたが、とうちゃんとかあちゃんは、まわりからどれほどどうるさく言われても行かせませんでした。ひとりっ子の清一郎をはなしたくなかったのかもしれません。

疎開に行かない「残留組《ざんりゅうぐみ》」と呼《よ》ばれる子たちはクラスの半分以下で、日を追うごとにさらにへっていきました。

（あいつら、今ごろどうしてるやろ）

みんなの出発を見送った夏の日、汽車の窓《まど》から興奮気味《こうふんぎみ》に手をふっていた友達の顔を思い出すと、ふっとさみしさがこみあげました。

「今日は冷えるねえ」

丸いちゃぶ台の前で正座《せいざ》した清一郎に、かあちゃんが大根飯をよそいながら話しかけました。

「いただきます」

「あわてんと、ゆっくり食べや」

かあちゃんは食事のたびにそう言います。

「ゆっくり、ようかんで、味わってな」

ゆっくり食べた方が、おなかがいっぱいになるし、栄養《えいよう》をよく吸収《きゅうしゅう》できるからだといいます。清一郎はぬるい〝大根汁《だいこんじる》〟をゆっくりよくかみ、かすかな塩味をできる限り味わって食べました。

食事が終わると、かあちゃんは、しきりに電球のかさをおおう黒い布《ぬの》を直しています。窓《まど》から電球の光がもれると、アメリカの爆撃機《ばくげきき》に見つかって爆弾《ばくだん》を落とされる、というので、どの家も電球を黒い布や新聞紙でおおい、真下だけを照らすようにしました。そして雨戸をしめ、黒いカーテンを引き、すき間があればふさいで、できる限り外に明かりがもれないようにしていました。

今日は午後からうるさいぐらい「今晩《こんばん》は特に気をつけるように」と近所から注

意がまわってきました。神戸《こうべ》で雪が降《ふ》ることはめずらしいのですが、積もった雪に光が反射《はんしゃ》して、ふだんより目立ちやすいから、というのです。

清一郎は、一九三五年（昭和十年）、神戸の東海道線三ノ宮駅《とうかいどうせんさんのみや》の近くの小さな花屋で生まれました。とうちゃん、かあちゃんと三人家族です。

清一郎が二歳《さい》のときに日本と中国の間で戦争がはじまり、ものごころがついたころにはもう戦争中だったといえますが、清一郎にとって、まだ戦争は海の向こうのことでした。

三ノ宮駅のそばにある清一郎の家から、歩いてだいたい二十分くらいのところに神戸港《こうべこう》の波止場《はとば》があり、とうちゃんはよく清一郎の手を引いて、船を見に連れていってくれました。

波止場のそばに外国人居留区《がいこくじんきょりゅうく》という外国人が住む地区があり、石づくりのおしゃれな洋館が立ち並んでいました。そこからさらに西へ進むと、南京町《なんきんまち》と呼《よ》ばれる中国人が住む町があり、おいしい中国料理を出す店が何軒《なんけん》もありました。

清一郎の家から歩いて五分のところにデパート「そごう神戸店」があり、すぐ近くを阪急電鉄《はんきゅうでんてつ》の地下線や路面電車が通っています。

神戸は、六甲山《ろっこうさん》の山やまと海にはさまれた町です。海を前にして、背後《はいご》から町を抱《だ》くように山がどっしりと座《すわ》り、山の中腹《ちゅうふく》には外国人が滞在《たいざい》するホテルが建っていました。六甲山の頂上《ちょうじょう》から見える景色は美しく、晴れた日には、神戸の町と、きらめく瀬戸内海《せとないかい》が見えます。

清一郎がすくすくと育っていく間に、日本は太平洋戦争開戦へ向けて、着々と歩みを進めていました。

清一郎が四歳《さい》のときに第二次世界大戦がはじまり、小学校にあがる前の年に日本とアメリカの間で太平洋戦争がはじまりました。

町を歩く外国人の姿《すがた》が少なくなり、甘《あま》いお菓子《かし》が口に入らなくなったのはいつからだったのでしょう。

砂糖《さとう》やマッチは、早いうちから自由に買えなくなっていました。配給制《はいきゅうせい》といって、家族の年齢《ねんれい》や人数に応じて決められた量が配られるようになったのです。

いろんなことが少しずつ変わっていきました。

赤ちゃんの粉《こな》ミルクや米、小麦粉《こむぎこ》、油、それから塩やみそ、しょうゆ、パン。清一郎が国民学校（今の小学校）にあがるころには、ほとんどのものが配給制になっていました。

ときどき、家の前を慰霊行列《いれいぎょうれつ》が通りました。慰霊行列は、戦死した兵士《へいし》の霊をなぐさめるために、ちょうちんをともしてお墓《はか》まで行列をつくって歩くもので、それが通ると、

「ああ、兵隊さんが死んだんやなあ」

と思いましたが、そのころはまだ、今のように空襲警報《くうしゅうけいほう》におびえることはありませんでした。

清一郎が三年生になったころから、食料の配給は少しずつ量がへり、やがて配

給が遅《おく》れたり、なくなったりしました。

日本じゅうで食料が不足していたからです。

かあちゃんはいつも、ぞうすいにかぼちゃの葉っぱや、さつまいものつるを混《ま》ぜ、なんとか量を増《ふ》やそうと苦労していました。

学童集団疎開《がくどうしゅうだんそかい》がはじまったのは一九四四年（昭和十九年）の八月です。

これは、日本軍が負け続けてサイパン、テニアン、グアムといった太平洋の島じまがアメリカの手にわたり、そこから直接《ちょくせつ》、アメリカの爆撃機《ばくげきき》が日本の上空まで飛んでこられるようになったためでした。

大都市が爆撃され、犠牲者《ぎせいしゃ》がたくさん出るのは、もう時間の問題でした。

子どもたちが地方へ疎開していったころから、戦闘機《せんとうき》をつくる工場や、造船所《ぞうせんじょ》のある都市や製鉄所《せいてつじょ》が空襲にあうようになりました。

最近はひんぱんに空襲警報が鳴ります。

先月、一月十九日には、清一郎が住む神戸《こうべ》市のとなりの明石《あかし》市も、航空機《こうくうき》工場が爆撃《ばくげき》を受け、三百人以上の人が亡《な》くなりました。

神戸でもつい三日前の二月四日に空襲《くうしゅう》があり、二十六人が亡くなりました。

この空襲は、これまでと少しちがって、港や工場だけではなく住宅街《じゅうたくがい》もねらわれ、「焼夷弾《しょういだん》」という、火災《かさい》を起こすためにつくられた特別な爆弾《ばくだん》が使われました。

このころの日本の家は、木の骨組《ほねぐ》みと土の壁《かべ》、紙のふすまや障子《しょうじ》など、とても燃《も》えやすい材料でつくられていました。

日本のことをよく調べ、そのことを知っていたアメリカ軍は、密集《みっしゅう》した住宅地を焼きはらうための爆弾をつくるために研究を重ねていました。

じつは二月四日の神戸への空襲は、できあがった焼夷弾のききめを確認《かくにん》する、テスト空襲でした。

刻一刻《こくいっこく》と、何か恐《おそ》ろしいものがせまってくる気配を感じながらも、清一郎は、ほかの子どもたちと同じように、学校の先生や新聞、ラジオのいうとおり「日本が負けるはずはない」と信じていました。

夕飯が終わると、清一郎は布団《ふとん》に入りました。しょっちゅう空襲警報《けいほう》のサイレンが鳴るので、すぐに避難《ひなん》できるように服のままです。

となりの茶の間から、かすかにラジオの音が聞こえてきます。いつ空襲警報が出るかわからないので、ラジオはずっとつけっぱなしです。

ラジオは時報《じほう》やニュースだけでなく、落語《らくご》や管弦楽団《かんげんがくだん》の演奏《えんそう》、各地の民謡《みんよう》を流す〝おくに自慢《じまん》〟特集などの楽しい番組もあり、家族みんなの楽しみでした。

ただし、番組の途中《とちゅう》で突然《とつぜん》「ブーッ」とブザーが鳴り、

――中部軍情報《ちゅうぶぐんじょうほう》。敵《てき》の編隊《へんたい》十一機は、

一四時一〇分、潮《しお》ノ岬《みさき》に到達《とうたつ》し、北に進んでおります――

といった具合の防空《ぼうくう》情報で中断《ちゅうだん》されると、家じゅうに緊張《きんちょう》が走ります。

中部軍*2というのは、清一郎の住む神戸など、近畿《きんき》地方を担当《たんとう》している陸軍司令《りくぐんしれい》部《ぶ》のことです。

ブザーとともに、〝中部軍情報《ちゅうぶぐんじょうほう》〟ではじまるアナウンスは、昼も夜もかまわず流れ、アメリカの爆撃機《ばくげきき》が向かった地域《ちいき》では警戒警報《けいかいけいほう》のサイレンが一回、三分間にわたって鳴らされ続けます。

そのあとでラジオからさらにくわしい情報が流れ、今度は、

「ウ――、ウ――、ウ――、ウ――、ウ――、」

と不安をかきたてるような音で*3空襲《くうしゅう》警報がけたたましく鳴ると、避難《ひなん》の準備《じゅんび》をする物音、「空襲警報発令《はつれい》!」と近所に知らせてまわる声などで、あたりがざわざわとした空気につつまれます。

空襲警報が鳴ると、寝《ね》ていてもたたき起こされ、すぐに避難しなければなりません。

清一郎の家では、押《お》し入れの下に掘《ほ》った穴《あな》にもぐることにしていました。とうちゃんとかあちゃんがつくった、家の中の防空《ぼうくう》ごうです。空襲警報が鳴ったら、押し入れの床板《ゆかいた》をはずして中に入ります。

穴《あな》はとてもせまくて暗く、体をちぢめて座《すわ》るのが精《せい》いっぱいです。多いときは夜中に何度も空襲警報が鳴るので、いつも寝不足《ねぶそく》でした。

眠《ねむ》い目をこすりながら布団《ふとん》から出て、冷たい穴の中に移動《いどう》するのはつらく、大人たちは「神経戦《しんけいせん》」「空の定期便《ていきびん》」と呼《よ》んでいました。

昼間の雪合戦の疲《つか》れが出たのか、まぶたが勝手にくっついてきます。

ラジオの音に混《ま》じって、とうちゃんとかあちゃんが、

「こんな雪、めずらしいなァ」

「ほんまですね、何年ぶりやろ」

と話しているのが聞こえます。清一郎はとろとろと眠りにつきました。

肩《かた》を寄せ合うように暮《く》らす毎日が、すぎていきました。

＊2　中部軍：当時、日本軍は各地域を「軍管区《ぐんかんく》」に分けて管理しました。（北部軍管区、東北軍管区、東部軍管区、東海軍管区、中部軍管区、中国軍管区、四国軍管区、西部軍管区）

＊3　空襲警報の実際《じっさい》の音源《おんげん》は残っていませんが、戦争を体験《たいけん》した人は、甲子園《こうしえん》の高校野球の試合開始や終了《しゅうりょう》の合図で鳴らされるサイレンが空襲警報に似《に》ているといいます。

第二章　形のない別れ

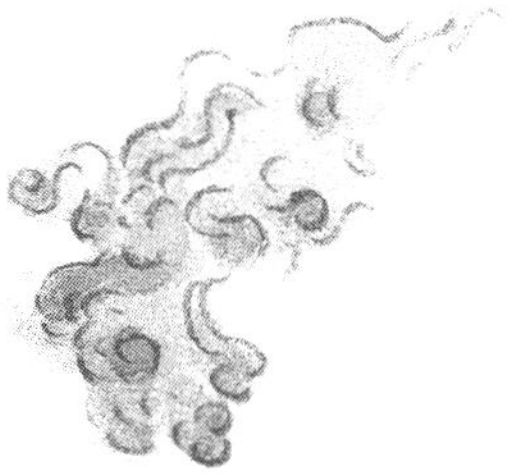

兵庫県神戸市葺合《ふきあい》区《く》御幸通《ごこうどおり》六丁目
（現　神戸市中央区）

一九四五年（昭和二十年）三月十六日

風の強い夜でした。ガタガタッ、ガタガタッ、と風が窓《まど》を揺《ゆ》らしています。

かあちゃんが、炒《い》った豆や干《ほ》しいも、貴重品《きちょうひん》を入れた非常袋《ひじょうぶくろ》を点検《てんけん》しています。

「清一郎《せいいちろう》、はよ準備《じゅんび》しや！」

かあちゃんが今日はいつになく緊張《きんちょう》した顔をして、鼻歌も歌わずに準備をしているので、清一郎も黙《だま》って手伝いました。

今夜空襲《くうしゅう》がありそうだということで、町内で、女性と子どもを前もって避難《ひなん》させることが決まったのです。

日本各地の空襲《くうしゅう》は、はげしさを増《ま》していました。

一九四五年（昭和二十年）三月十日、東京。

北風が強い明け方、約三百機の大型爆撃機《おおがたばくげきき》B29が東京上空に低空で侵入《しんにゅう》し、約二〇〇〇トンの焼夷弾《しょういだん》を落としました。

B29の爆撃目標《ばくげきもくひょう》は、木造住宅《もくぞうじゅうたく》が密集《みっしゅう》する東京の下町[*4]でした。

主に使われたのは、町をまるごと焼きはらうために研究を重ねてつくられたM69焼夷弾です。長さ五十・八センチ、直径約七・六センチ、全体の重さが約二・七キロで、手で持てるくらいの六角形の筒《つつ》の中に、ナパームというゼリー状《じょう》のガソリンが詰《つ》められています。

これを三十八本ずつまとめた親爆弾《おやばくだん》（E46集束焼夷弾《しゅうそくしょういだん》）がB29一機につき六トン搭載《とうさい》されていて、目標地点の上空に来たら、爆撃手《ばくげきしゅ》が機体の下の扉《とびら》を開いて投下します。

親爆弾は落ちていく途中《とちゅう》でパカッと開き、三十八本ずつまとめられていた子爆《こばく》

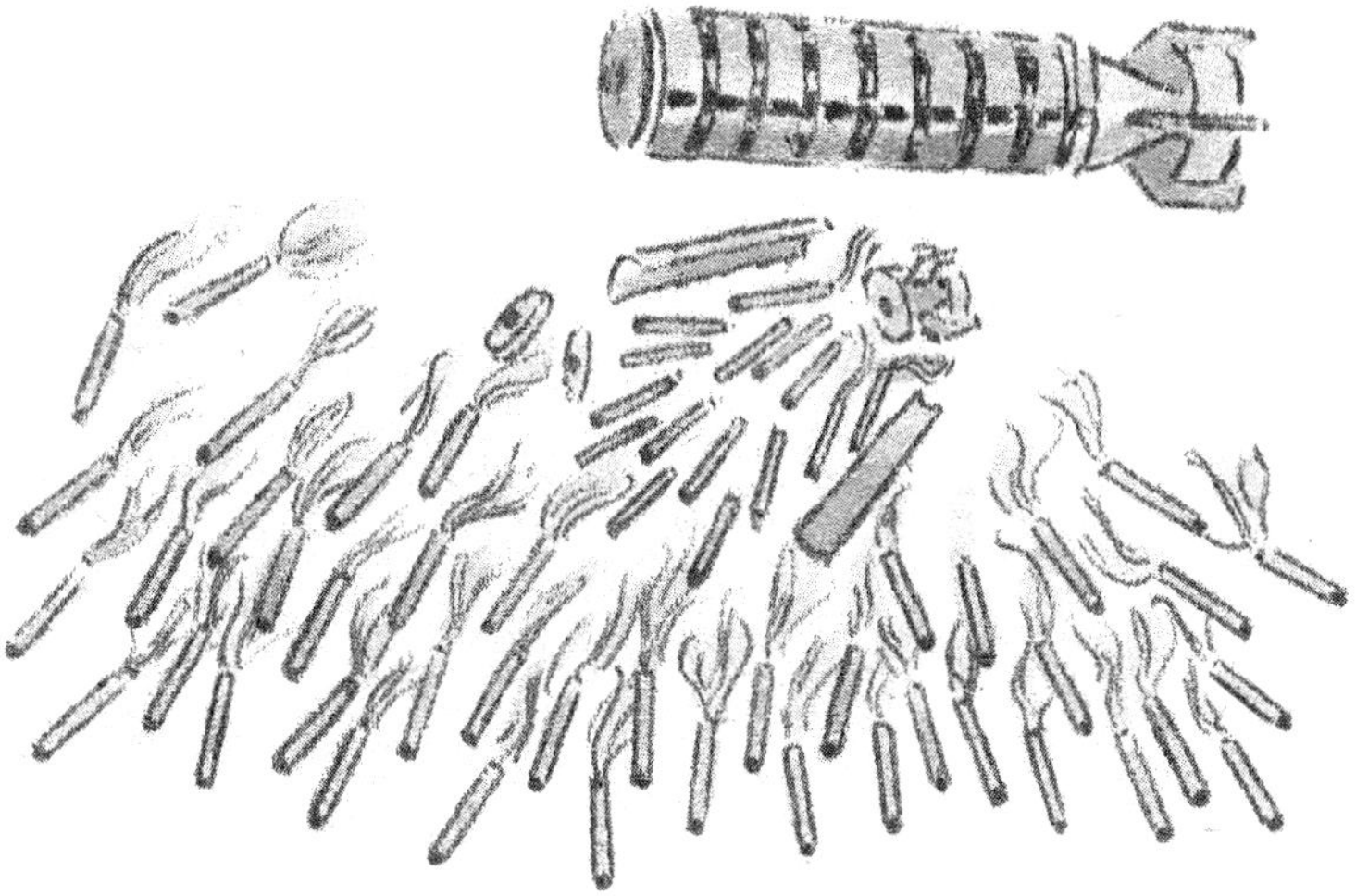

親爆弾の中に38本の子爆弾（M69焼夷弾）が入っている

弾《だん》のM69焼夷弾が一本ずつバラバラになって空中に放り出され、次の瞬間《しゅんかん》、尻《しっ》尾《ぽ》部分から一メートルくらいの麻《あさ》でできた布《ぬの》のリボンが四本飛び出します。

このリボンは、スピードを調節しながら、まっすぐ落ちていくようにつけられたものですが、空中で火がつくこともあり、地上からは恐《おそ》ろしい火の雨が降《ふ》ってくるように見えました。

焼夷弾は、建物の屋根を突《つ》きやぶって天井裏《うら》や床《ゆか》に落ちると数秒後に爆《ばく》発《はつ》し、ゼリー状《じょう》のガソリンを三十メートル四方に飛び散《ち》らせ、高温（千度以上になったといわれています）で一気に周囲《しゅうい》を火の海にしてしまいます。

強い北風にあおられて火はたちまち燃《も》え広がり、炎《ほのお》がはげしい風を起こしました。風はうずまき、荒《あ》れくるってさらに火を呼《よ》び、町じゅうが炎の海につつまれました。

灼熱地獄《しゃくねつじごく》と化した東京で、炎の壁《かべ》に囲《かこ》まれて逃《に》げ場を失った人びとが折り重なって焼け死んだり、建物の中で蒸《む》し焼きになったりして命を落としました。川に飛びこんで溺《おぼ》れたり、凍死《とうし》したりした人も、たくさんいました。

正確《せいかく》な数はわかっていませんが、一晩で十万人以上が犠牲《ぎせい》になったといわれています。

そしてこのあと、東京大空襲《だいくうしゅう》と同じ方法で、日本の大都市がつぎつぎに無差別《むさべつ》爆撃《ばくげき》されました。

三月十一－十二日、名古屋市街《しがい》。死者約五百人。

三月十三日－十四日、大阪。死者約四千人。

大都市がほぼ一日おきに夜間に空襲されていることから、

「次は必ず神戸《こうべ》に来る。三月十六日の夜が危ない」

神戸市民は、警戒《けいかい》を強めていました。

清一郎の住む町内《ちょうない》では、大人たちが集まって話し合い、女の人と子どもたちの避難先《ひなんさき》をデパートのそごう神戸《こうべ》店の地下に決めました。

とうちゃんは空襲に備《そな》えて、防火水槽《ぼうかすいそう》（消火用の水をためておく水槽。コンクリート製《せい》で四角いものが多い）や、火を消すための砂袋《すなぶくろ》や火たたきを確認《かくにん》しています。

清一郎は、

「とうちゃんは一緒《いっしょ》に行かへんの？」

と心細い声を出しました。

とうちゃんはちらっと清一郎を見て、

「とうちゃんは残って町内を守るんや。心配せんでええ」

と答えました。清一郎は準備《じゅんび》を手伝いながら、

(大きい空襲《くうしゅう》って、どないなるんや?)

不安が灰色《はいいろ》の雲のようにわき上がってきて、だんだん胸《むね》が苦しくなってきました。

とうちゃん、かあちゃんと一緒《いっしょ》にガサガサ、バタバタとあわただしく動きながらも、ラジオに耳がくぎづけです。いつ、

――中部軍情報《ちゅうぶぐんじょうほう》――

ではじまる防空《ぼうくう》情報が入ってくるか、気になるのです。


あられ混《ま》じりの北風の中、清一郎は、真っ暗な道をかあちゃんと手をつないで歩き出しました。かあちゃんは黙《だま》っています。

(とうちゃんはだいじょうぶなんか?)

不安だったけど、それをかあちゃんに聞いてはいけない気がして、清一郎も黙っ

て歩きました。急いで歩いているのに、そごうまでの五分ほどの道が、いつもより長く感じます。

地下へつながる階段《かいだん》を下りると、大勢《おおぜい》の人が避難《ひなん》してきていて、人びとのざわめきや子どもの声でがやがやしていました。

「ウーー、ウーー、ウーー、ウーー、」

空襲警報《けいほう》のサイレンが鳴ったのは、夜中の二時前のことです。

「カン……、カン……、カン……、」

空襲警報を知らせる鐘《かね》も聞こえます。

グオォォォーン……ブーン……ぶきみな爆音《ばくおん》が、デパートの地下にいても、おなかに響《ひび》いてきます。

(来た)

大型爆撃機《おおがたばくげきき》B29が、かなりの低空を、編隊《へんたい》を組んで飛んでいるようです。

こんなことは初めてでした。

（本当に来たんや）

かあちゃんのとなりでひざを抱《かか》えて座《すわ》っていた清一郎は、かあちゃんにぎゅっとくっつきました。

外では、真っ暗な空いっぱいに、サーチライト（敵《てき》を探《さが》すために、地上からあてる光）に照らされた爆撃機《ばくげきき》B29の姿《すがた》が三百機以上うつし出されていました。北風がゴウゴウと吹《ふ》き荒《あ》れ、トタン板がまい上がっています。

ザザァーッ、大雨が降《ふ》るような音。焼夷弾《しょういだん》が束《たば》になって落ちているのです。

外の様子はわかりません。ただ、これまで経験《けいけん》したことがないことが起きていることは確《たし》かです。

（ここにおればだいじょうぶや、だいじょうぶや）

清一郎は自分に言い聞かせながら、身をちぢめてかあちゃんにくっつき、じっと耐《た》えました。

空襲警報《くうしゅうけいほう》が解除《かいじょ》されたのは、朝の五時すぎでした。

「……」

そごう神戸《こうべ》店の地下から、地上につながる階段《かいだん》を上がり、外に出たかあちゃんと清一郎は、とっさに言葉が出てきませんでした。

あたりは真っ黒に焼けこげ、建物らしい建物はすべて、なくなっていました。

あちこちがくすぶり続け、熱気《ねっき》とともに、まきちらされた焼夷弾《しょういだん》の油のきついにおい、煙《けむり》でいぶされたにおいや、何かがこげる、異様《いよう》なにおいが立ちこめています。

六角形の焼夷弾の筒《つつ》が、そこらじゅうに転がっていました。

焼けて空《から》になり、茶色くなったものもあれば、中身のゼリー状《じょう》のガソリンがどろりと出ているものもあります。

家があるはずの場所に行くと、すべて、炭に変わっていました。

「とうちゃん……」

つい三時間くらい前まであったはずの家。

まだ煙《けむり》が出ている焼け跡《あと》で、かあちゃんと清一郎は、必死《ひっし》にとうちゃんを探《さが》しました。

何時間探しても、とうちゃんは見つかりませんでした。

「とうちゃん、どこに行ってしもたんやろ」

「こんなに焼けてしもたんではわからんで……。あの炭のかたまりがそうかもしれへん。とにかく、ここにおったことはまちがいない。骨《ほね》まで焼けてしもたんや」

まわりにも、家族を探し歩く人たちが大勢《おおぜい》いました。

真っ黒にこげた、遺体《いたい》のかけらのようなものをかき集め、それを囲《かこ》んで泣いている人たちもいました。

清一郎は、ふしぎと涙《なみだ》が出ませんでした。

目の前で起きていることが現実《げんじつ》に思えなかったし、泣いたら、とうちゃんの死を認《みと》めることになる気がしました。

「……地獄《じごく》みたいやな」

かあちゃんが、まだジリジリと熱《あつ》い地面にしゃがんだまま、ぽつりとつぶやきました。


「これから、どうするんや」

「かあちゃんの友達んちに行ってみよ。行こうや」

かあちゃんと清一郎は歩き出しました。

海の方を見ると、間にあった建物が焼け落ちてしまったせいで、神戸港《こうべこう》まで見通せました。

清一郎がまだ小さかったころ、よくとうちゃんとふたりで手をつないで、船を見に行ったことを思い出しました。

外国から来た船はとても大きくて、てっぺんまで見ようと首をそらすと、ひっくりかえりそうでした。

（とうちゃん、どこ行ってしもたんや？）

清一郎は、ふっと涙《なみだ》が出そうになったので、港をじっと見ました。

神戸港は、アメリカ軍が投下した機雷《きらい》（水面や水中にしかけておき、船が触《ふ》れると爆発《ばくはつ》する爆弾《ばくだん》）で沈没《ちんぼつ》した船や軍艦《ぐんかん》が、海面から船首《せんしゅ》を突《つ》き出したまま放置され、船の墓場《はかば》のようになっていました。

まわりを見わたすと、建物の残がいや、赤茶色になった金庫が目につきます。ところどころで、こわれた水道管から水がこぼれるように流れています。

なにげなく見ていると、その水を飲んでいる小さな白い子犬が目に入りました。白い毛が灰《はい》で汚《よご》れ、背中《せなか》が焼けこげています。ケガをしたのか、前足から血が出ていて、痛《いた》そうです。

水を飲んで満足《まんぞく》したのか、子犬はころんと横になって目を閉《と》じました。

（……あのチビ、ひとりぼっちなんやな）

ケガをした小さな子犬が、焼け跡《あと》で生きのびられるとは思えませんでした。

心配になった清一郎は、思わず子犬のそばに行って抱《だ》き上げました。子犬はうれしそうに、真っ黒な目で清一郎を見上げました。

「清一郎、おとうちゃん亡《な》くなってしもうたし、これから友達の家に世話になるかもしれへんから、犬は連れていけんよ」

かあちゃんの言葉に、清一郎はそっと子犬を下ろしました。なんとかしてやりたいけど、かあちゃんの言うとおりです。

「清一郎、行こうや」

「うん」

清一郎はうなずき、子犬をふり切るように、かあちゃんのあとをついて歩き出しました。

「クーン、クーン」

追いかけてくる鳴き声を聞くと、胸《むね》がきりきりと痛《いた》みます。

（ふりかえったらあかん。優《やさ》しくしたら、ついてきてしまうかもしれへん）

清一郎は、前だけを見てとぼとぼと歩きました。ぞうりをはいた足の裏《うら》に、くすぶる地面の熱《ねつ》が伝わってきます。

三宮《さんのみや》から、西の神戸《こうべ》駅の方へ、さらに山の方へ向けて、焼け跡《あと》を一時間近く歩いたでしょうか。

(もう、どっか行ってしもたやろ)

でも、もしかして、ひょっとしたら……、と思いながら後ろを見ると、かなり離《はな》れたところに、遅《おく》れながら、よろよろと子犬が追いかけてくるのが見えました。

二、三歩歩いては転び、体じゅうを灰《はい》で真っ黒にしながら、必死《ひっし》に歩いてきます。

ふりかえらない清一郎のあとを、ケガをした足で、どんな思いでついてきたのでしょう。放っておくことなどできませんでした。

清一郎は思わず走っていって、子犬を抱《だ》き上げました。

「ようがんばったな……」

子犬の小さな体を抱きしめると、清一郎の両目から涙《なみだ》がぽろぽろあふれました。

(こいつは、おれしか頼《たよ》る人がおらんのや。守ってやらんといけん)

「かあちゃん、連れてってええやろ」

今度はなんと言われても、絶対《ぜったい》に子犬を離《はな》さないつもりでした。そんな清一郎を見て、かあちゃんも涙《なみだ》を指でぬぐいながら、

「がんばってついてきたんやね。この犬は、あの火の海の中を、生きのびてきたんやね。子犬一匹《ぴき》くらい、なんとかなるやろ」

と言ってくれました。

かあちゃんの友達の家の二階で、かあちゃんと、清一郎と、シロと名づけた子犬の生活がはじまりました。

＊4　東京下町：今の江戸川《えどがわ》区・葛飾《かつしか》区・江東《こうとう》区・足立《あだち》区・荒川《あらかわ》区・台東《たいとう》区・墨田《すみだ》区にあたります。最初の爆弾は深川《ふかがわ》区木場《きば》(現在の江東区)に落とされました。

第三章　一九四五年六月五日、神戸《こうべ》

兵庫県神戸市兵庫区荒田町《あらたまち》

一九四四年（昭和十九年）から四五年にかけての冬はきびしい寒波《かんぱ》がやってきたため、各地で記録的な積雪《せきせつ》があり、強い冷えこみが続きました（このときの冬は日本の観測史上《かんそくしじょう》最も寒い冬でした。現在もその記録は破《やぶ》られていません）。人びとは春の訪《おとず》れを心待ちにしました。

子犬のシロは、前足の傷《きず》がなおって元気いっぱいになり、芽吹《めぶ》いた木々の葉と競《きそ》い合うように、日に日に大きくなっていきました。

とうちゃんを亡《な》くした三月十七日の空襲《くうしゅう》のあと、神戸市内の中学校、国民学校

（今の小学校）は授業停止《じゅぎょうていし》が決まり、ほとんど休みのような状態《じょうたい》になっていました。学校に行くこともなくなっていましたが、たまに登校するときは、シロもついてきたり、道の途中《とちゅう》まで清一郎《せいいちろう》を迎《むか》えに出てきたりしました。

「シロもきっとあのとき、親をなくしたんやな。おれとおんなじや」

夜、こっそり一緒《いっしょ》に布団《ふとん》で寝《ね》てかあちゃんにしかられるほど、気が合いました。とうちゃんがいなくなったさみしさを、シロが埋《う》めてくれるようでした。

かあちゃんは、

「死んだとうちゃんの分まで生きんとあかん。死んでしもたら、とうちゃんが土の中で泣くで……。かあちゃんと、がんばって生きような」

と口ぐせのように言い、明るく元気にふるまいました。

悲しいそぶりを見せないかあちゃんのそばにいると、清一郎は心がやすらぎました。

かあちゃんは寝るとき、布団の中で、よくお気に入りの歌を歌ってくれました。

♪青い月夜の　浜辺には
親を探《さが》して　鳴く鳥が
波の国から　生まれ出る
ぬれた翼《つばさ》の　銀の色♪

「浜千鳥《はまちどり》」　作詞：鹿島鳴秋《かしまめいしゅう》　作曲：弘田龍太郎《ひろたりゅうたろう》

本を読んだり、昔話や物語を聞かせてくれたりすることもありましたが、話の途中で、かあちゃんの方が先に眠《ねむ》ってしまうこともありました。

とうちゃんが死んだあと、昼間どこかへ働きに行くようになっていたので、疲《つか》れていたのかもしれません。

「かあちゃんと、シロと一緒におればだいじょうぶや」

しょっちゅう空襲警報《くうしゅうけいほう》が鳴るのはあいかわらずでしたが、清一郎は、少しずつ、新しい暮《く》らしになじんでいきました。

一九四五年（昭和二十年）六月五日

一九四五年六月五日、晴れた朝で、青空が見えていました。

「ウ――、ウ――、ウ――、ウ――、」

空襲警報《くうしゅうけいほう》が鳴ったのは、六時すぎのことです。

清一郎は、とうちゃんを亡《な》くした三月十七日の空襲以来、空襲警報が鳴るたびにドキッとして、いいようのない不安に襲《おそ》われるようになっていました。空襲がどんなものか、いやというほど知ってしまったからです。

清一郎はシロを抱《だ》き、かあちゃんと一緒《いっしょ》にすばやく外に出て、道路わきの防空《ぼうくう》ごうに避難《ひなん》しました。

防空ごうは、地面に掘《ほ》った大きな穴《あな》に木材を組んだものをのせ、その上に土を盛《も》り上げて天井にしたもので、外から見ると土のドームのように見えます。

人が一人やっと通れるくらいの、せまい入り口から土の階段《かいだん》を三段ほど下りると、もう近所の子どもが五～六人、大人が十人くらい避難してきていました。暗くて蒸《む》し暑かったけど、じっとがまんしました。

「来よった」

清一郎は、思わずつぶやきました。外の様子は見えないのに、あの音が、振動《しんどう》とともに体に響《ひび》いてきます。

グオォォォーン……ブゥーン……、爆撃機《ばくげきき》B29の爆音《ばくおん》です。

それに加えて、ザザァーッ、と焼夷弾《しょういだん》が落ちる、夕立のような音がしました。

ドキン、ドキン、ドキン、と心臓《しんぞう》が大きな音をたて、おさえようとしても体が震《ふる》えてきます。

「もうイヤや！」

と、叫《さけ》び出しそうになります。

シロも、三月の空襲《くうしゅう》を思い出しているのか、おびえてブルブル震《ふる》え、

「クゥン、クゥン」

と清一郎の腕《うで》に鼻を突《つ》っこんでいます。

「シロ、しっかり抱《だ》いとるからだいじょうぶや」

と声をかけると、シロは少し安心したように、清一郎の顔を見上げました。

B29の爆音《ばくおん》はガリガリガリ……という轟音《ごうおん》になりました。真上に来ているようです。

そして、焼夷弾《しょういだん》が落ちるザザァーッ、という音が、ヒューン、ヒュウーン、と空気を切りさく音に変わりました。すぐ近くに落ちているようです。

(早く終わってくれ、早く終わってくれ)

今にも心臓《しんぞう》が飛び出しそうです。歯がガチガチ鳴ります。

ドーーン！ と雷《かみなり》が近くに落ちたような衝撃《しょうげき》と、ビリビリッ、と何かがはじけるような音。ひときわぶきみで恐《おそ》ろしいのは、

ズシュッ、ズシュッ……

と、防空《ぼうくう》ごうの天井に焼夷弾が突きささってくる音でした。

「こわい……」

小さな子が数人、耐《た》えきれずにシクシク泣き出しました。清一郎も泣きそうになりましたが、自分が泣いたらシロが不安になると思ったので、必死にこらえました。

ズシュッ、ズシュッ、と焼夷弾が突きささる音はますます大きくなり、そのうち、ミシミシと天井が崩《くず》れはじめました。土がバラバラと落ちてきます。

「危《あぶ》ない、崩れるぞ！」

「子どもを早く外に出せ！」

だれかが大声で叫《さけ》び、子どもたちを外へ押《お》し出そうとしました。

その瞬間《しゅんかん》、何を思ったのか、シロが防空ごうの奥《おく》にいたかあちゃんの方へ走っていきました。

「シロ！」

清一郎が追いかけようとすると、

「はよ、逃《に》げるんや！」

と奥《おく》から叫《さけ》ぶ、かあちゃんの必死《ひっし》な顔が見えました。

（かあちゃん！）

次の瞬間《しゅんかん》、清一郎は、ほかの子どもたちと一緒《いっしょ》に、外に放り出されました。大人たちが、階段《かいだん》の下から力いっぱい、地上へ押《お》し上げたのです。

転びそうになりながらふりかえった直後、防空《ぼうくう》ごうが目の前で崩《くず》れ落ちました。

「かあちゃん！　シロ！」

必死で叫びましたが、返事はありません。

あたりは真っ暗でした。晴れた朝だったはずなのに、真っ黒な煙《けむり》が太陽をおおいかくし、町は暗闇《くらやみ》につつまれていました。

崩れた防空ごうの上に、数えきれないくらいの焼夷弾《しょういだん》が突《つ》きささり、尻尾《しっぽ》部分

についた、水色や黄色、赤色のリボン[*5]がヒラヒラと揺《ゆ》れています。見ているうちに焼夷弾《しょういだん》から火がふき出し、崩《くず》れた土が燃《も》えているように見えました。

B29の轟音《ごうおん》は続いていて、ザザァーッ、ザザァーッ、とひっきりなしに焼夷弾が落ちてきます。ここにいたら、たちまち直撃《ちょくげき》を受けて死んでしまうでしょう。

防空ごうを出た子どもたちに、迷《まよ》っている時間はありませんでした。とにかくまわりの人と同じように山の方へ向かって、無我夢中《むがむちゅう》で走るしかなかったのです。

清一郎はかあちゃんとシロが心配でしたが、きっとあとから出てくるだろうと思い、子どもたちと一緒《いっしょ》に走り出しました。

火災《かさい》のせいで煙《けむり》とともにはげしい風がうずまき、うまく息が吸《す》えません。

遠くの空でキラキラと火の粉《こ》が舞《ま》っているように見えるのは、尻尾《しっぽ》のリボンに火がつき、燃えながら落ちてくる焼夷弾です。

＊5　焼夷弾から飛び出すストリーマー（麻《あさ》でできた細い布）の色は、基本的にブルー、あるいはオリーブグリーンのような色だったようです。このとき燃えていたので、変色して赤っぽく見えたものもあるのかもしれません。

走っている途中《とちゅう》にも焼夷弾が落ちてきて、直接《ちょくせつ》当たって倒《たお》れる人がいました。火が燃え移《うつ》って火だるまになる人、血だらけで手を差し出している人もいました。

なんとかしてあげたいけど、立ち止まったら自分の命がありません。

（ごめん）

心の中で謝《あやま》りながら走っていると、防空《ぼうくう》ごうから一緒に逃《に》げてきた女の子がひとり、頭に焼夷弾の直撃《ちょくげき》を受けて倒れました。

「ともちゃん！」

一緒にいた子が叫《さけ》びました。清一郎も、ハッと息をのみました。

立ち止まった子どもたちの前で、女の子の防空ずきんから血が流れ出し、ささったままの六角形の焼夷弾が燃えはじめました。女の子は、声を出す間もなく、一《いっ》瞬《しゅん》で死んでしまったのでした。

つい今まで一緒に走っていたのに……。

子どもたちは泣き出しましたが、その間にもザザザザザ――ッ、キューンと焼夷弾《しょういだん》が雨のように降《ふ》ってきます。

(ごめん、ごめん)

清一郎は、女の子を置いたまま、子どもたちと一緒《いっしょ》に、泣きながら暗闇《くらやみ》の中を走るしかありませんでした。


気がつくと、一緒に逃《に》げた子どもたちとはぐれ、五歳《さい》くらいの小さな女の子とふたりになっていました。

「足が痛《いた》い」

女の子は、泣きながら座《すわ》りこんでしまいました。どれくらい走ったかわかりませんでしたが、清一郎もくたくたに疲《つか》れていました。小さな女の子にとって、どれほどたいへんな道のりだったことでしょう。清一郎は、

「少し、休もか」

と声をかけ、休むことにしました。するとどこからか、

「フギャー、フギャー」

と、赤ちゃんの泣き声が聞こえます。きょろきょろと見まわしてみると、どうやら、清一郎たちが寄りかかって休んでいた、防火用水《ぼうかようすい》（火を消すためにためてある水）の大きな桶《おけ》の陰《かげ》から聞こえてくるようです。

赤ちゃんは、しばらくたっても泣きやむ様子がありません。

「ちょっと見てこよか」

清一郎は心配になって、様子を見に行きました。

桶の陰に行くと、おかあさんらしい女の人が倒《たお》れて死んでいました。焼夷弾の直撃《ちょくげき》を受けたらしく、真っ黒に焼けこげています。そのそばで、小さな赤ちゃんが泣いていました。赤ちゃんの顔は、すすのせいか真っ黒です。

ひとりぼっちで泣いている赤ちゃんの姿《すがた》に、清一郎は胸《むね》がキュウッとしめつけられました。

「赤ちゃんかわいそうや、どないする？」

清一郎が女の子にきくと、女の子も、

「かわいそうや、なんとかせんと……」

とこたえました。

清一郎は赤ちゃんをタオルでくるんで抱《だ》き上げました。赤ちゃんは小さくて、シロと同じくらいの重さに感じました。

左手に赤ちゃんを抱き、右手で女の子の手を引いて歩き出しました。歩いていくうちに、赤ちゃんの泣き声が、だんだん弱くなっていくのがわかりました。

心配でしたが、爆撃《ばくげき》が続いているので、立ち止まって様子を見ることはできません。

「がんばりや、がんばりや」

と赤ちゃんを励《はげ》ましながら、なんとか歩き続けました。

二時間ほど歩いたでしょうか。ようやく、六甲山《ろっこうさん》のふもとにたどり着きました。

最初は軽く感じた赤ちゃんがどんどん重くなり、最後は手がしびれそうでした。たいへんでしたが、かわいそうで、途中《とちゅう》で置いていくことなどできませんでした。木の陰《かげ》に座《すわ》ってやっと赤ちゃんを下ろし、女の子とふたりで様子を見ました。

「赤ちゃん、赤ちゃん」

呼《よ》びかけましたが、赤ちゃんは目を閉《と》じたままです。ほっぺたをつついても、まったく反応《はんのう》がありません。

(生きとってくれよ)

祈《いの》るような気持ちで、赤ちゃんの鼻と口に耳を近づけると、赤ちゃんは、もう息をしていませんでした。

「赤ちゃん、死んでしもうた」

と清一郎が言うと、女の子が泣き出しました。

「どうせ死ぬんやったら、おかあちゃんと一緒《いっしょ》におった方がよかったかもしれん……」

女の子の言葉に、清一郎は、下を向きました。

（連れてこん方がよかったかもしれへん）

赤ちゃんの目から出た小さな涙《なみだ》が、ほっぺたに残っていました。清一郎がそっと手でふいてやると、すすで黒くなった赤ちゃんのほっぺたに、清一郎の汚《よご》れた指の跡《あと》が白く残りました。

まわりにいた大人が、木の根元に小さな穴《あな》を掘《ほ》ってくれました。その中にタオルでくるんだ赤ちゃんを寝《ね》かせ、土をかけました。女の子が、その上につんできた花を置きました。

ふたりで手を合わせて、

「さいなら……」

と言うと、涙がこぼれました。まだ生まれたばかりだったのでしょう。とても小さな赤ちゃんでした。

（この赤ちゃん、おかあちゃんの顔を見たことあったんやろか）

清一郎は、赤ちゃんがかわいそうでたまりませんでした。

「はよう、おかあちゃんとこに行きや」

泣きながら、女の子が呼《よ》びかけました。


はげしい煙《けむり》が雲をつくり、すすと一緒《いっしょ》に黒い雨が降《ふ》りはじめました。

B29の爆音《ばくおん》が消え、空襲《くうしゅう》は終わったようです。

山から見る神戸《こうべ》の町は、黒と灰色《はいいろ》の煙におおわれ、町並みははっきり見えませんでした。遠くに神戸の港や海がかすんで見えます。

(かあちゃんとシロは逃《に》げられたやろうか)

清一郎は、まわりの人と同じように町へもどりはじめました。

夢中《むちゅう》で逃げているときはわかりませんでしたが、町は荒《あ》れ果て、見たことのない場所になっていました。

電線がずたずたに切れて、地面にたれ下がっています。

焼けただれて鉄の骨組《ほねぐ》みだけになっているのは、路面電車のようです。

電線の焼けたにおいや、煙の強いにおいがツーンと鼻をつきます。

熱《あつ》さから逃《のが》れようとしたのか、川や池、防火水槽《ぼうかすいそう》の中にも遺体《いたい》がありました。

小さな子を抱《だ》きしめたまま死んでいる母親もいました。

清一郎は、一緒に逃げるときに焼夷弾《しょういだん》の直撃《ちょくげき》を受けた、ともちゃんという女の子が倒《たお》れた場所を探《さが》そうと思いましたが、どのあたりだったか見当もつきませんでした。

道路の両脇《りょうわき》の、燃《も》えつきた家の跡《あと》やいろんなところに、たくさんの遺体がありました。

焼けこげて、真っ黒なマネキン人形のようなもの。体全体が、ロウのような脂《あぶら》におおわれて白っぽくなっているもの。

でも、人だとわかるものはまだいい方でした。頭や手足がないもの、体が半分しかないものもありました。男か女か、大人か子どもか、区別がつかないほど真っ黒に焼け、ちぢんで炭のようになった遺体《いたい》もたくさんありました。

確《たし》かに目で見ているはずなのに、とても現実《げんじつ》のこととは思えない光景ばかりで、声も出ません。

一緒《いっしょ》に歩く女の子も同じなのか、何も言いません。ふたりは黙《だま》って歩きました。

女の子と一緒に防空《ぼうくう》ごうがあった場所にたどり着くと、清一郎たちが逃《に》げ出したときのままの状態《じょうたい》でした。

中に残った人たちは、逃げられなかったのです。

突《つ》きささったたくさんの焼夷弾《しょういだん》から、まだ煙《けむり》が出ていました。

(かあちゃんとシロは、あのまま、ここで死んでしまったんか……)

ぼんやりした頭で、そう考えるしかありませんでした。

とにかく見つけてやりたい、早く出してやりたい、と思いました。どんなに苦しかっただろう、熱《あつ》かっただろう、と思うと、たまらない気持ちでした。

防空ごうの土を手で掘《ほ》ろうとしましたが、とても歯がたちません。焼けて赤茶けた土はまだ熱く、やけどしそうなほどでした。

あたりを見まわしても、助けてくれる人はいませんでした。みんな、自分のことで精《せい》いっぱいで、とても人のことにまで手がまわらないのです。

「かあちゃん！　シロ！」

清一郎は、呼《よ》びかけてみました。

何時間か前までふつうに話をしていたのに……。

かあちゃんとシロが目の前に埋《う》まっているのに、出してあげることさえできないのです。悔《くや》しくてたまりません。

清一郎は、ガツッ、ガツッ、と熱い土のかたまりにこぶしをぶつけました。

この日、神戸《こうべ》を襲《おそ》ったB29は約四百七十機、落とされた焼夷弾《しょういだん》や爆弾《ばくだん》は約三〇〇〇トン。これは三月十日の東京大空襲《だいくうしゅう》の約二〇〇〇トンを上まわる量で、たたみ一枚《まい》につき、十発から十五発の焼夷弾が降《ふ》りそそいだといわれています。

犠牲者《ぎせいしゃ》は八千人以上にのぼるとされていますが、正確《せいかく》な数は、今もわかっていません。

清一郎と一緒《いっしょ》に逃《に》げた女の子は、たまたま出かけていて無事だったおかあさんと再会することができました。

次の日も、そのまた次の日も、清一郎は崩《くず》れた防空《ぼうくう》ごうの前から離《はな》れることができませんでした。ほかに行くところもありません。

防空ごうは、何日経《た》っても、そのままでした。

同じように、たくさんの人が生《い》き埋《う》めになったままの防空ごうが、道のあちこちにありました。

(これから、どないしよう……)

そぼ降《ふ》る雨の中で、清一郎は立ちつくしました。

四年生、十歳《さい》になったばかりの初夏《しょか》でした。

第四章　テンキュー、ヨーカン

神戸《こうべ》の町には、清一郎《せいいちろう》と同じように親を失い、頼《たよ》る人もない孤児《こじ》たちが何人もさまよっていました。

焼《や》け跡《あと》をひとりでうろうろしている子どもがいれば、空襲《くうしゅう》で家族を亡《な》くしたことがわかるはずですが、声をかけたり、助けようとしたりする大人はいませんでした。

これまでの空襲で、多くの人が家をなくしました。帰る場所も食べるものもないのは、大人も同じでした。だれもが、自分と自分の家族を守ることだけで必死でした。

焼け残った駅の建物など、少しでも居心地《いごこち》のよい寝場所《ねばしょ》を見つけ、なんとかして食料を手に入れる。他人のことなどかまっていられない……、生きのびるための戦いがくり広げられる焼け跡《あと》で、守ってくれる者がいない孤児《こじ》たちは、一番弱い存在《そんざい》だったといえます。

いつしか清一郎は、十五歳《さい》くらいの男の子をリーダーにした四、五人の仲間に入り、一緒《いっしょ》にすごすようになりました。

三ノ宮駅《さんのみや》の駅舎《えきしゃ》は焼け残っていましたが、家をなくした人がたくさんつめかけており、清一郎たちが入りこむすき間はありませんでした。

清一郎たちは、三ノ宮駅の近くの、焼け跡に残った金庫で暮《く》らしはじめました。金庫はがんじょうな物置きのような感じで、子どもたちがなんとか寝られるくらいの広さでした。空襲《くうしゅう》で焼けたせいか赤茶色になり、扉《とびら》がなくなっていましたが、数少ない、雨をしのげる場所だったのです。

親のいない清一郎たちが食べものを手に入れるためには、「もらう・拾う・盗《ぬす》む」のどれかしか、方法がありません。

焼け跡で細ぼそと営業《えいぎょう》している食堂に行って、お客さんに食べものをわけてもらおうとすると、店の人が飛んできて、

「汚《きたな》い、あっちへ行け！　この野良犬《のらいぬ》ども！」

とののしり、子どもたちにバケツの水をぶっかけて追いはらいました。もちろん、食べものを分けてくれる人などいません。棒《ぼう》を持って追いかけられることもありました。

清一郎たちが、いったい何をしたというのでしょう。

孤児《こじ》たちが、なぜ汚い格好《かっこう》でおなかをすかせているのか、説明されなくてもみんな知っているはずです。

人間は、自分が生きるか死ぬかという状態《じょうたい》になると、他人に手を差しのべないどころか、より弱いものに対して驚《おどろ》くほど残酷《ざんこく》になるものだということを、清一郎は痛《いた》いほど感じました。

（なんでや……）

清一郎は悔《くや》しくて体が震《ふる》えましたが、店の人をにらみかえすのが精《せい》いっぱいでした。

しかたなくお店の裏《うら》に行き、残飯《ざんぱん》を拾って食べました。残飯といっても米はなく、わずかな野菜クズしかありませんでした。生ゴミも食べました。とにかくおなかがすいてたまらないので、腐《くさ》ったものも食べました。

（野良犬《のらいぬ》か。かあちゃんが聞いたら、悲しむやろうな）

ふっとそんなことを思うこともありましたが、生きるために必死で、気にしている余裕《よゆう》はありませんでした。

やがて店に並べてあるものを盗《ぬす》むようになりました。とうちゃんやかあちゃんと暮《く》らしていたころは、どんなに腹《はら》がへっても、人のものを盗むなんて考えたこともありませんでした。

（食いたい、食いたい、食いたい）

とにかく腹がへって、何も考えられません。

最初は、ほかの浮浪児《ふろうじ》が盗むのを観察して、おそるおそるまねしましたが、すぐに慣《な》れ、だんだん盗むことがあたりまえになりました。

店先から走って逃《に》げ、盗んだ食べ物にがつがつとくらいつく姿《すがた》は、まさに野良犬のようでした。

店のものだけでなく、小さな女の子が食べているイモをむしりとって食べたこともあります。目の前で女の子が泣いても、なんとも思わなくなっていました。

(生きるためや。食うか、食われるかや)

だれも助けてくれず、すさんだ言葉を浴《あ》びせられ続けるうちに、感覚がまひしていきました。

毎日考えることは、「今日、どうやって食うか」だけ。

いったい今が何月何日の何時なのか、時間の感覚もなくなっていきました。

清一郎はみんなに「セイちゃん」と呼《よ》ばれていました。孤児《こじ》たちは、「トシクン」「アキラ」と下の名前でおたがいを呼びあっていました。苗字《みょうじ》を使うことなどないので、清一郎は自分が「山田」であることを忘《わす》れそうでした。

清一郎を心配し、帰りを待っていてくれる人は、もう、この世にだれもいません。

周囲《しゅうい》の大人たちにとって、清一郎たちのような汚《よご》れた浮浪児《ふろうじ》はじゃまでしかなく、この世から消えていなくなった方が都合《つごう》がいいようです。

(なんで、だれも助けてくれへんのや)

投げつけられるひどい言葉や冷たい視線《しせん》に、慣《な》れることはありません。

清一郎は、とうちゃんやかあちゃんと小さな花屋で暮《く》らした日々のことを、できるだけ思い出さないようにしていました。悲しみがこみあげて、苦しくてたまらなくなるからです。

(なんであのとき、おれだけが生き残ってしもたんやろう。かあちゃんとシロと一緒《いっしょ》に死んだ方がよかったんやないか)

そんなことをぼんやり考えながら、夜が来ると、

「ああ、今日も生きていた」

と思うだけ。ただ、それだけでした。

町がめちゃくちゃになった六月五日以来、大きな空襲《くうしゅう》はなくなっていましたが、爆撃機《ばくげきき》はときどきやってきて、そのたびに空襲警報《けいほう》が鳴りました。

清一郎たちは、空襲警報が鳴ると三ノ宮《さんのみや》駅や元町《もとまち》駅に逃《に》げましたが、

「ああ、空襲警報か」

と思うくらいで、あんなに怖《こわ》かった空襲警報でさえ、恐怖《きょうふ》を感じなくなっていました。

（おれなんかが死んだって、悲しむ人はおらへん）

生きるためにもがきながらも、その一方で、自分なんかどうなってもいいや、と思っていました。

清一郎は、かあちゃんが死んだ日から、一度も風呂《ふろ》に入っていません。足はだし、着たままの服は破《やぶ》れてぼろぼろになり、悪臭《あくしゅう》を放《はな》っています。顔や手足は汚れて真っ黒になり、目だけをギラギラ光らせていました。

人びとは顔をしかめ、清一郎たちをよけて歩きました。

ある、太陽が照りつける暑い日。

神戸《こうべ》駅近くの湊川神社《みなとがわじんじゃ》を通りかかると、人が大勢《おおぜい》集まっているのが見えました。

「なんやろ？」

楠木正成《くすのきまさしげ》をまつった湊川神社は、地元の人たちに「楠公《なんこう》さん」と呼《よ》ばれて親しまれていましたが、社殿《しゃでん》（神社の建てもの）はすべて空襲で焼け落ちていました。

境内《けいだい》に入ってみると、焼けた本殿《ほんでん》（神さまをまつる建物）の前の広場にラジオが置かれ、たくさんの人がひざまずいていました。

ラジオから、とぎれとぎれに何か聞こえてきますが、よく聞きとれません。

あたりは静まりかえり、セミの鳴き声だけが、うるさいほど響《ひび》いていました。

人びとはうつむき、泣いたり、突《つ》っぷしたりしていて、その中から、

「負けたんや……」

という言葉が聞こえてきました。

「戦争、終わったんや」

仲間たちと顔を見合わせましたが、特別な感情《かんじょう》はわきませんでした。

大人がいっせいに泣き崩《くず》れているのがふしぎで、清一郎たちはわけもわからず興奮《こうふん》して、

「戦争終わったんや、戦争終わったんや」

と叫《さけ》びながら、大人たちの間をぐるぐる走りまわりました。

戦争に負けて悔《くや》しいという気持ちも、これからどうなるのかという不安も感じませんでした。


玉音《ぎょくおん》放送と呼ばれる（終戦《しゅうせん》の詔勅《しょうちょく》ともいいます）、戦争に負けたことを告《つ》げるラジオ放送があった八月十五日から二週間あまりがすぎた八月三十日、神奈川県の厚《あつ》木《ぎ》基地《きち》に到着《とうちゃく》した飛行機から、ＧＨＱ《ジーエッチキュー》（連合国軍最高司令官総司令部《れんごうこくぐんさいこうしれいかんそうしれいぶ》）の最高司令官、

ダグラス・マッカーサーが降《お》り立ちました。

戦争に負けたので、GHQ《ジーエッチキュー》による占領《せんりょう》がはじまったのです。フィリピン軍帽《ぐんぼう》をかぶり、パイプをくわえた大柄《おおがら》なマッカーサーの姿《すがた》が新聞にのると、人びとは、これからどうなるのだろう、と恐《おそ》れと好奇心《こうきしん》のまざった目でうわさしあいました。

そして、日本各地に連合国の進駐軍《しんちゅうぐん》（他の国に行き、そこにとどまって活動する軍隊）がやってきました。

神戸《こうべ》に初めて進駐軍がやってきたのは九月二十五日のことです。最初は兵士《へいし》が三ノ宮《さんのみや》駅に到着《とうちゃく》し、その後、次つぎにジープやトラックがやってきました。

進駐軍は、焼《や》け跡《あと》に残っていた建物を司令部や将校《しょうこう》の宿舎《しゅくしゃ》にしました。

これは「接収《せっしゅう》」といい、戦争に負けた日本は、進駐軍に求められた土地や建物を、無条件《むじょうけん》で差し出さなければなりませんでした。

進駐軍は、神戸駅の北側にウエスト・キャンプと名づけたキャンプを、三ノ宮駅にあるデパート・そごう神戸店の東南から神戸港にかけての土地一帯には、イースト・キャンプと名づけたキャンプを建てました。

清一郎がとうちゃん、かあちゃんと暮《く》らした、葺合区御幸通六丁目《ふきあいくごこうどおり》の小さな花屋があった場所も、このイースト・キャンプにのみこまれてしまいました。

接収《せっしゅう》された場所は進駐軍《しんちゅうぐん》のものになり、日本人は入ることができなくなります。

神戸だけでなく、日本の各地で大規模《だいきぼ》な接収が行われました。

秋が深まっていきました。

この年の秋は、天候不順も影響《えいきょう》してひどい凶作《きょうさく》でした。ふつうの年に比《くら》べると六〇パーセント強しか米がとれなかったのです。

さらに、戦争中は海外にいた約六百六十万人もの人びとが帰ってきました。兵《へい》士《し》や、外地《がいち》に住んでいた人たちです（外地：それまで日本が植民地《しょくみんち》にしていた台湾《たいわん》や朝鮮《ちょうせん》（いまの北朝鮮と韓国《かんこく》）、南洋諸島《なんようしょとう》、中国《ちゅうごく》の満州《まんしゅう》）。このため、国内の人口がいっきに増《ふ》えました。

戦争中よりもはげしい飢餓《きが》が、人びとを襲《おそ》いました。

冬が近づくにつれて、家をなくし、駅や路上で暮《く》らす浮浪者《ふろうしゃ》や浮浪児《ふろうじ》を中心に、飢《う》え、弱って死ぬ人が増《ふ》えていきました。

このころの新聞は、〝始まっている「死の行進」〟という見出しで、神戸市内の餓死者《がししゃ》が、終戦からの三か月で百四十八人にのぼったことを伝えています。横浜、名古屋、大阪、京都など、他の都市でも数百人単位で餓死者が出ており、東京の上野《うえの》駅では一日平均《へいきん》二〜三人、多い日は六人亡《な》くなっています（昭和二十年十一月十八日付 朝日新聞）。

死は特別なものではなく、いつもすぐそばにありました。清一郎は、仲間たちと一日、一日をすごしながら、

（明日起きたら、自分も息をしてへんかもしれん）

毎晩《まいばん》、そう思いながら眠《ねむ》りました。今の清一郎には、未来どころか明日のことも考えられませんでしたが、やっぱり死ぬのはいやでした。

（かあちゃんがくれた命や）

一九四六年（昭和二十一年）の年明け、日ごとに寒さがきびしさを増《ま》してきたので、清一郎はトシやアキラたちと五人で、金庫の中でたき火をしていました。

すると、目の前にジープが止まり、進駐軍《しんちゅうぐん》の兵士《へいし》がふたり、降《お》りてきました。しきりに何か言っています。

意味はわかりませんが、手ぶり身ぶりで、金庫の中で火を燃《も》やすのは危ない、と言っているようです。そして、

「カモン、カモン」

あれよあれよという間に一人ずつ手を引っぱられ、ジープに乗せられました。思ってもみなかった展開《てんかい》に、清一郎は驚《おどろ》くばかりです。

「セイちゃん、どこ連れていかれるんやろ……」

一歳《さい》下のアキラが、不安そうに聞いてきます。

「たぶん、だいじょうぶや」

清一郎は、アキラを安心させるためにそう言いましたが、戦争中「鬼畜米英《きちくべいえい》」、つまり、アメリカ人やイギリス人は鬼やケダモノと同じで、「つかまったら、裸《はだか》にされて食われてしまうぞ」と教えられていました。

(何をされるかわからん。食われてしまうかも……)

清一郎も、心の中では緊張《きんちょう》していました。

清一郎たちが連れていかれたのは、イースト・キャンプの南のエリア、神戸《こうべ》港の近くにあるカマボコ兵舎《へいしゃ》でした。

カマボコ兵舎というのは、カマボコのような形をした、進駐軍《しんちゅうぐん》の兵士たちが暮《く》らす細長い建物です。

キャンプのまわりはじょうぶな柵《さく》で囲《かこ》われ、「日本人立ち入り禁止」の看板《かんばん》が立てられていました。

中に入ると、ぼろぼろの服を脱《ぬ》がされました。

（やっぱり、食われるんかな）

アキラやトシも同じことを考えているのか、みんな、かたい表情《ひょうじょう》で黙《だま》っています。

アメリカ兵は、手まねで、「シャワーを使え」と言っているようです。

（いよいよ、体をきれいにしてから食うつもりなんかな。食われるのはどんな感じなんやろ。やっぱり痛《いた》いやろな……）

心臓《しんぞう》をドキドキさせながらシャワーで体を洗《あら》うと、アメリカ兵は、意外なことにアメリカ軍の古い軍服を持ってきました。

手まねで、ぼろぼろの服のかわりに、これを着ろと言っているようです。おそるおそる上着を着てみると、足まで届《とど》きそうなくらいぶかぶかでした。

それから、アメリカ兵は、日本語の通訳《つうやく》ができる人をつれてきました。そして、通訳を通して、

「どうして、あんなところに子どもたちだけでいるのか」

と聞いてきました。

どうやら、食べるつもりではなさそうです。清一郎たちは少しほっとして、それぞれ、空襲《くうしゅう》で親や家をなくしたことを話しました。

通訳《つうやく》の言葉をうなずきながら聞いていたアメリカ兵は、食べものを持ってきてくれました。心配そうな表情《ひょうじょう》から、清一郎たちをかわいそうに思っているらしいことが伝わってきます。

清一郎たちは緊張《きんちょう》がとけて、アメリカ兵と、金庫でどうやって暮《く》らしているのかなど、いろいろな話をしました。アメリカ兵はよく笑い、いちいちオーバーに反応《はんのう》してくれたので、清一郎たちもつられて笑い、帰るころにはすっかり仲良くなりました。

アメリカ兵は、金庫に帰る清一郎たちに、ガムやチョコ、コンビーフの缶《かん》づめや古い毛布《もうふ》を持たせてくれました。

軍靴《ぐんか》もくれましたが、大きすぎて、片方《かたほう》に両足いっぺんに突《つ》っこんでもガバガバです。

「トシ、おかしいで！」

「セイちゃんもや！」

清一郎たちは、おたがいを指差して大笑いしました。

実際《じっさい》のところ、何か月もはだしですごしてきた清一郎たちの足の裏《うら》は、分厚《ぶあつ》くがんじょうになっていたので、靴《くつ》なしのままでも問題はありませんでした。

アメリカ兵は、ジープで金庫まで送ってくれました。

「困《こま》ったときは、また来なさい」

「テンキュー（Thank you：ありがとう）」

清一郎たちは、おぼえたての英語で、一生懸命《いっしょうけんめい》お礼を言いました。このアメリカ兵たちは、浮浪児《ふろうじ》になって以来、自分たちを初めて人間あつかいしてくれた人でした。

「テンキュー、テンキュー」

口ぐちにくりかえすと、アメリカ兵はニコッと笑って、

「ヨーカン（You are welcome：どういたしまして）、ヨーカン」

と返しました。

「テンキュー」

「ヨーカン」

「テンキュー」

「ヨーカン」

「ヨーカンやって、へんやなー」

アメリカ兵の言っている意味がよくわからなかった清一郎たちは、なんだかおかしくて、でもうれしくて、笑いながら手をふりました。

こんなに笑ったのは久《ひさ》しぶりです。とうちゃんやかあちゃん、シロを殺《ころ》した憎《にく》いアメリカ兵ですが、目の前のアメリカ兵は、陽気で優《やさ》しい人たちでした。

同じ日本人の大人たちは、残酷《ざんこく》といっていいほど、清一郎たちに冷たいのに

……。

（人間って、ようわからんな。ふしぎやな）

清一郎は少し考えてみましたが、答えはかんたんには出そうにありませんでした。


ある日の夕方、いつものようにみんなで残飯《ざんぱん》を食べ、金庫にもどってきたときのことでした。

帰ってから少し経《た》ったころ、みんな気持ち悪くなり、吐《は》いたり、下痢《げり》をしたりしはじめました。腐《くさ》ったものにあたったのかもしれません。こういうことは、よくあることでした。

ところが、しばらくするとトシが苦しみ出しました。転げまわり、そのうち、けいれんを起こしてヒクヒクと震《ふる》えはじめました。

「どないしよう」

「そうや、アメリカ兵や！」

アキラが走ってカマボコ兵舎《へいしゃ》へ助けを求めに行きました。しばらくすると、アメリカ兵がジープに乗ってやってきて、トシを運んでいきました。

みんなも、急いでジープを追いかけました。

カマボコ兵舎に着くと、アメリカの軍医さんがトシをみていましたが、どうすることもできないようでした。

トシはますます苦しみはじめ、

「かあちゃん、かあちゃん」

と小さい声で二度呼《よ》び、それきり呼吸《こきゅう》が止まってしまいました。

「トシ、トシ！」

清一郎たちは大声で呼びましたが、もう、返事はありませんでした。

みんなおたがい、あまり自分のくわしいことを話したことがありませんでしたが、清一郎は以前、トシから、家族の話を聞いたことがありました。

トシは、三ノ宮《さんのみや》駅のとなりの元町《もとまち》駅のそばに、おかあさんと妹と、三人で住んでいました。おとうさんは、戦争に行っていていませんでした。

トシは、清一郎と同じ十歳《さい》でした。一年生になったばかりの妹は、三月十七日の空襲《くうしゅう》で、足にケガをしていました。

六月五日の空襲のとき、ケガで走れない妹をおかあさんがおんぶして逃《に》げましたが、ふたりは、トシの目の前で焼夷弾《しょういだん》に当たってしまいました。おかあさんは、

「トシ、はよう逃げ！」

と怖《こわ》い顔で叫《さけ》び、

「いやや！」

と泣くトシを、

「はよ行くんや」

と引きはがすようにして逃がしてくれたのだといいます。

妹は、お気に入りの色エンピツを、いつも大切に持っていました。

トシは焼《や》け跡《あと》で、真っ黒にこげてつぶれた、その色エンピツのキャップを見つけました。

「みんな焼けとる中で、これだけ見つけたんや。ふしぎやで……」

トシは、ポケットからつぶれたキャップを出して、涙《なみだ》を流しながら話してくれたのでした。

（おとうさんが戦争から帰ってくるのを待ってたのに、会えないまんまやったな……）

清一郎は、動かなくなったトシのポケットから、変形した黒いキャップをとり出し、

（トシ、おまえのかわりにおれが大事に持っとるからな）

と、心に誓《ちか》いました。

第五章　野良犬《のらいぬ》と呼《よ》ばれて

　トシが食中毒《しょくちゅうどく》で死んでから、清一郎《せいいちろう》たちは残飯《ざんぱん》をとるとき注意するようになりました。

　残飯は、ブリキの空《あ》き缶《かん》のようなものや、バケツくらいの大きさの、木でできた残飯桶《おけ》に入れられていて、中が見えません。

　清一郎は、自分たちと同じように残飯を食べて生きている野良犬がどうしているのか、注意深く観察してみました。野良犬は、残飯桶に前足をかけ、上の方からじょうずに残飯をとって食べていました。

　考えてみると、残飯は上にあるものの方が新しいのです。清一郎たちは、残飯桶の中の方まで手を入れてつかみ出していたので、古いものを食べてしまうことがよくありました。

「おれたちより、犬の方がうまいやん」

だれかが笑いました。

「ほんまやな」

清一郎も笑って答えます。

犬が食べ残したものを、

「これが一番安心やで」

と食べることもありました。

戦争から帰ってきた兵隊さんに、

「腐《くさ》っているものを食ったり、おなかが痛《いた》くなったりしたら消《け》し炭《ずみ》（燃《も》えている途《と》中《ちゅう》で火を消してつくるやわらかい炭。火がつきやすい）を食べるといいよ。毒《どく》消しになるんだ」

と教えてもらったので、ときどき、金庫で火を燃やしたあとの炭をかじりました。

口の中が真っ黒になるので、すすけた顔を指差しあって大笑いです。
それでも、おなかが痛《いた》くなることは何度もありました。

一月も終わりにさしかかり、いよいよ冷えこみがきびしくなってくると、扉《とびら》のない金庫ですごすのがつらくなってきました。

寒風が吹《ふ》き荒《あ》れる夜は、金庫に容赦《ようしゃ》なく風が吹きこみ、どんなに体をくっつけあっても寒くて眠《ねむ》れません。そのままこごえ死んでしまう危険《きけん》もありました。

清一郎たちは、三《さん》ノ《の》宮《みや》駅の待合室に行きましたが、たいていの場合、満員《まんいん》で入れませんでした。

待合室に入れないときは、シュ—ッ、シュ—ッ、と真っ白い蒸気《じょうき》を吐《は》きながらホームに入ってきた汽車に飛び乗ります。

このころ、神戸《こうべ》市周辺は電車が通っていましたが、遠距離《えんきょり》を結んでいるのは蒸気機関車でした。夜通し走り続ける汽車の中は暖《あたた》かく、寒い夜をしのぐにはうってつけでした。清一郎たちは、拾った新聞を通路にしいて寝転《ねころ》がり、朝が来るまで乗り続けました。もちろん、無賃乗車《むちんじょうしゃ》（ただ乗り）です。

行き先もわからないまま乗ったので、朝、目をさますと名古屋や広島、遠くは九州の門司《もじ》に着いていたこともありました。

どこに着くかわからないのは慣《な》れっこで、清一郎たちはたいして驚《おどろ》かず、朝、逆方向へもどる汽車を見つけて神戸《こうべ》へ帰ります。そのくりかえしでした。

このころ、浮浪児《ふろうじ》と呼《よ》ばれ、清一郎たちのように駅や公園で暮《く》らしていた孤児《こじ》はどのくらいいたのでしょうか。

戦時中・戦後と、世の中は混乱《こんらん》していました。戦争で犠牲《ぎせい》になった人や、行方《ゆくえ》不明《ふめい》になった人でさえ、正確《せいかく》な数がわかっていません。

まして、人びとが気にかけることもなかった、駅や道ばたで暮らす子どもたちの数を正確に把握《はあく》するのは、とても難しいことです。

一九四八年（昭和二十三年）二月一日の「全国孤児一斉調査《ぜんこくこじいっせいちょうさ》」によると、なんらかの原因《げんいん》で両親を失い、孤児になった子どもたちは全国で十二万三千五百十一人とされました。[*6]

引きとる人がおらず、路上で暮《く》らしていた浮浪児の数の調査結果は、数千人というものもあれば、推定《すいてい》三万五千人、というものもあります。[*7]

悪臭《あくしゅう》を放《はな》ち、汚《きたな》いかっこうで盗《ぬす》みをはたらき、町をうろつく浮浪児に対する世間の目は、とても冷たいものでした。

石を投げたり、道ばたで眠《ねむ》る子を蹴《け》とばしていったりする人さえいました。

親が、浮浪児を指さして、自分の子どもに

「お前も、言うことをきかないとああなるよ」

＊6 『第二次世界大戦後の日本における浮浪児・戦災孤児《せんさいこじ》の歴史《れきし》 逸見勝亮』（厚生省児童局企画課調 全国孤児一斉調査結果（一九四八年年二月一日現在）

＊7 同右調査・『朝日年鑑 一九四八年版』（昭和二十二年八月三〇日現在、厚生省養護課）二八九頁

とささやく光景はめずらしくありませんでした。

「路上の暮《く》らしの方が、性《しょう》に合っているから施設《しせつ》から逃《に》げ出すのだ」

「浮浪児《ふろうじ》になったことで、その子がもともと持っていた悪い性質《せいしつ》が出てきたのだ」

人びとは、しだいに浮浪児を、犯罪者予備軍《はんざいしゃよびぐん》という目で見るようになっていきました。

終戦の年の秋、GHQ《ジーエッチキュー》が日本政府《せいふ》に「混乱《こんらん》した社会を立て直すために、町にあふれた浮浪児をなんとかするように」と指示《しじ》を出しました。

これを受けて、日本の厚生省《こうせいしょう》（今の厚生労働省《ろうどう》）は、後回《あとまわ》しにしていた浮浪児対策《たいさく》に乗り出しましたが、その実態《じったい》は保護《ほご》ではなく、強引《ごういん》な〝浮浪児狩《が》り〟でした。

神戸《こうべ》でも浮浪児狩りが行われました。浮浪児狩りは「狩込《かりこ》み」と呼《よ》ばれ、その名のとおり、神戸市の職員《しょくいん》たちは浮浪児を人間あつかいしませんでした。逃《に》げまわる子どもたちを捕《つか》まえて、

「一匹《ぴき》、二匹《ひき》」

と数えながらトラックの荷台《にだい》に放りこみ、連れていかれる先は、孤児収容所《こじしゅうようじょ》でした。

清一郎たち四人も狩込みに捕《つか》まりました。

真冬の寒さの中、職員は、裸《はだか》にした清一郎たちにホースで水をかけました。

怖《こわ》くて、冷たくて、声も出せずに震《ふる》えている清一郎に、職員《しょくいん》は、

「おまえらはバイキンのかたまりだ。野良犬《のらいぬ》と同じだからな。きれいにしてやる」

と薄《うす》く笑いながら言うのでした。

確《たし》かに、もう何か月も野良犬のような生活をしています。

(浮浪児《ふろうじ》は野良犬とおんなじか)

何度言われても、慣《な》れることはありません。かあちゃんの顔が浮《う》かんできて、涙《なみだ》がこぼれました。

収容所は食べ物も少なく、昼間は農園でサツマイモづくりをさせられました。

雑草《ざっそう》を抜《ぬ》いたり、重いサツマイモを運んだり、重労働でした。時間に遅《おく》れると食

事をさらにへらされたり、なぐられたりしました。

こういうきびしい生活の中で体力が弱り、入院したり、原因《げんいん》がわからない病気で亡《な》くなったりする子もいました。

毎日、どこかから浮浪児《ふろうじ》が連れてこられ、けんかやいじめも増《ふ》えていきました。毎晩《まいばん》のように、だれかの泣き声が響《ひび》いていました。施設《しせつ》の職員はしょっちゅう、

「おまえたち浮浪児には、どこにも行くところはない。逃《に》げたって同じや。おまえらが町におると、悪いことばかりして迷惑《めいわく》や。お前らは、ゴミみたいなもんや。おれたちは、ゴミそうじをしてやってるだけや」

と肩《かた》をいからすようにして言いました。

清一郎は、悔《くや》しさではらわたが煮《に》えくりかえりましたが、職員が言うとおり、真冬の空の下、どこにも行くあてはありません。歯を食いしばって耐《た》えることしかできませんでした。

「春になるまでは、つらくてもここにいよう」

四人は励《はげ》ましあってすごし、暖《あたた》かくなってきた三月、農作業の帰りに収容所《しゅうようじょ》を逃げ出しました。

ふたたび、四人で金庫での暮《く》らしがはじまりました。少し落ち着いてから、あのアメリカ兵たちに会いに、イースト・キャンプのカマボコ兵舎《へいしゃ》へ行ってみました。

アメリカ兵は久しぶりの再会を喜《よろこ》び、その後で、思いがけない話をはじめました。

「来月、自分たちはアメリカに帰ることになった。アメリカの家は広い牧場があって、帰ったら牧畜《ぼくちく》をするつもりだ。みんなも、親が死んで行くところがないようだから、一緒《いっしょ》にアメリカに行って、牧場を手伝ってみないか。焼け跡《あと》でホームレスとして暮らすより、広い大地で暮らすのもいいよ。みんなで行かないか?」

そう言いながら、牧場の写真を見せてくれました。

四人は、目を輝《かがや》かせながら聞きましたが、さすがに、すぐには返事ができませんでした。

金庫にもどってから相談すると、

「おれとケンは行きたい」

年上のふたりは、気持ちをかためているようでした。

「セイちゃんとアキラはどないする？」

「……」

清一郎は、緑の牧場の写真を見せられたときは、確《たし》かにわくわくしましたが、やっぱり、なんとなく気が進みませんでした。

アメリカ兵はいい人たちですが、アメリカがどんな国なのか、想像《そうぞう》もつきません。なんだか、わけのわからない、遠くて怖《こわ》いところにつれていかれるような気がしました。それに、

（とうちゃん、かあちゃん、シロが死んだこの町から離《はな》れたくない）

という気持ちもありました。清一郎が神戸《こうべ》からいなくなったら、防空《ぼうくう》ごうのかあちゃんが寂《さび》しがるかもしれません。

「アキラはどないする？」

「おれ、行きたくねえ。もしかしたら、とうちゃんが支那《しな》（今の中国[*7]）から帰ってくるかもわからんから。セイちゃんはどないする？」

アキラはよく、戦争が終わったから、きっとおとうさんが帰ってくる、と話していました。

「そうか。おれも神戸《こうべ》におりたい。おまえと一緒《いっしょ》にここに残るわ」

一週間後、アメリカに行く年上のふたりを見送りに、カマボコ兵舎《へいしゃ》に行きました。

アメリカ兵からもらった古い靴《くつ》はやっぱり大きすぎて、ふたりは、

＊7　外国人の中国に対する古い呼び名。日中戦争などで差別的に使われたため、現在は使用をさけることが多い。『世界大百科事典 第2版』（平凡社）『日本大百科全書』（小学館）

「この方がええわ……」

と笑いながら靴を手に持ち、はだしで歩いていきました。

家族をなくしてからずっと、兄弟のように寄りそって暮《く》らした仲間との別れ。

清一郎は、ふたりに何か言いたかったけど、なんと言ったらいいのか、思いがあふれ、言葉にすることができませんでした。

アキラも同じ思いなのか、唇《くちびる》をかんで黙《だま》っています。

清一郎とアキラは手をつなぎ、何も言えないまま、涙《なみだ》を浮《う》かべて見送りました。

旅立ったふたりが、その後どんな人生を送ったのか、確《たし》かめるすべはありません。

第六章　アキラとトマト

一九四六年（昭和二十一年）

春がすぎ、蒸《む》し暑さを感じる日が増《ふ》えてきました。

金庫での生活も、もうすぐ一年になります。

町なかには、学校に通う小学生の姿《すがた》が見られるようになっていました。

（あ、おれ、もう十一歳《さい》か）

四月生まれの清一郎《せいいちろう》は、自分が十一歳になっていたことに気づきました。本当なら、五年生になっているはずです。

でも、今の清一郎にとって、学校は遠い世界でした。勉強も運動も得意《とくい》なはしかい子だったはずなのに、自分が学校に通った日々があったことも、学校の名前さえも、よく思い出せなくなっていました。

学校に通う子どもたちを見ても、何も感じませんでした。あまりにも自分とかけ離《はな》れていて、うらやましいという感情《かんじょう》がわいてこないのです。

（おれは、だれなんやろ）

毎日、時間の感覚もなく、どうやって食べるものを手に入れるかだけを考えて路上で暮《く》らしているうちに、自分という存在《そんざい》がなくなっていくような感じがします。

誕生日《たんじょうび》も、名前も、頭の中でくりかえしていないと忘《わす》れてしまいそうでした。自分という存在や、今ここに生きている、という感覚が、だんだん薄《うす》くなってくるのです。

ひとつ年下のアキラの存在が、清一郎にとって唯一《ゆいいつ》の支《ささ》えでした。

アキラは、目がクリッとしていて、年齢《ねんれい》のわりに体が小さく、口数の少ない子でした。年上のふたりがアメリカへ行ってしまい、ふたりきりになってからは、よく話をするようになりました。

アキラは、大阪の阿倍野《あべの》というところで、おかあさん、おばあちゃんと三人で暮らしていました。お兄さんがいましたが、小さいころに死んでしまったということでした。

大阪の空襲《くうしゅう》でおかあさんが亡《な》くなり、神戸《こうべ》の親戚《しんせき》の家でおばあちゃんと暮らしていましたが、六月五日の空襲でそのおばあちゃんも亡くなり、清一郎と同じようにひとりぼっちになってしまったのでした。

「アキラのとうちゃんは、いつ兵隊に行ってしもうたん？」

「一年生のときや」

「顔、おぼえとる？」

「ようおぼえとるがな。腕《うで》や足がなくても、帰ってきてくれたらええんやけど

……」

「おばあちゃんも、死んでしもうたんやな」

「おばあちゃんは、空襲《くうしゅう》のとき、逃《に》げ遅《おく》れたおれを助けようとして死んだんや。燃《も》えてる家からおれを助け出したあと、焼夷弾《しょういだん》が頭に当たってしもうて……。身代わりみたいなもんやった。おばあちゃんは手を離《はな》して『はよう行け』って言うたんや」

アキラはうつむきました。

清一郎の脳裏《のうり》に、かあちゃんとの、最後の別れのシーンがよみがえりました。

「おれも似《に》たようなもんやで。防空《ぼうくう》ごうに生き埋《う》めになるところを、かあちゃんや大人の人に先に逃がしてもろうて、死なずにすんだんやで」

「ほんなら、ふたりとも死にそこないやないか」

「かんたんに死にそこないなんてゆうたらあかん。助けてもろうた命や。大事に生きていかんとな。粗末《そまつ》にしたらバチあたるで」

「そうや、大事にせんとな、死んだおばあちゃんが悲しむわ」

「きっと、とうちゃんももどってくるで」

「でもな、とうちゃん、おれがどこにおるか、わかるかな……」

アキラは、不安そうな目をしました。

「だいじょうぶや、大人やから、きっと見つけてくれるで」

「そやな、きっと探《さが》してくれるな。おれ、とうちゃんの写真持っとったけど、空襲で焼いてしもうたから、何も残っとらん」

「写真なんかなくても、とうちゃんが生きて帰ってくれば、それが一番や」

「そうや、本物が一番や」

ふたりで大笑いしました。笑うことが少ないアキラが笑ったので、清一郎は、

(ほんとに、早くアキラのとうちゃんが帰ってくるといいな)

と思い、ふと、自分にも、とうちゃんとかあちゃんの写真が一枚《まい》も残っていないことに気づきました。

アキラとそんな話をしてから、

（おれが、めんどうを見てやろう）

アキラを弟のように感じるようになりました。

ふたりは毎晩《まいばん》、金庫でくっつきあって眠《ねむ》りました。


アキラは、小柄《こがら》で弱よわしい感じでしたが、それでいてとてもすばしこく、お店から食べ物を盗《ぬす》むとき、清一郎はときどき捕《つか》まりましたが、アキラが捕まることはほとんどありませんでした。

それは、日差しが強く、暑い昼下がりでした。

その日、ふたりは三ノ宮《さんのみや》駅のとなりの元町《もとまち》駅のガード下へ行き、屋台を偵察《ていさつ》しました。

戦争が終わったあと、三ノ宮駅と元町駅の間のガード下に、闇市《やみいち》と呼《よ》ばれる市場ができていて、「あそこに行けばなんでも手に入る」「日本一のにぎわい」と言われるほど、人が集まる場所になっていました。

「店番は一人やな。おれが先にだんごをとったら、アキラはトマトや」

店のそばに来ると、アキラは何を思ったのか急に走り出し、トマトをとって飛び出しました。

「こら、何しよるねん！」

店番のおじさんがどなり、アキラを追いかけます。清一郎は、

（アキラ、打ち合わせとちがうやん）

と一瞬《いっしゅん》あせりましたが、自分もすばやくだんごの袋《ふくろ》をとり、アキラのあとを追いかけました。

店番のおじさんをかわそうと、アキラは全力で走っていきます。清一郎も、人《ひと》混《ご》みの中で見えかくれするアキラを見失わないように、必死で走りました。

「こら、ドロボー、このガキ！」

おじさんは、叫《さけ》んでいるだけで、なかなか追いつけないようです。

アキラがガード下から少し広い通りに出た瞬間《しゅんかん》、スピードを出したジープが

走ってくるのが見えました。

キキーッ！

ものすごいブレーキの音。

清一郎は思わず、目をつぶりました。

おそるおそる目を開くと、小さなアキラの体がジープの下に入ってしまい、頭から、真っ赤な血がドクドクと流れているのが見えました。

清一郎は急いで近くへ走っていき、

（アキラ！）

と叫《さけ》ぼうとしましたが、声になりませんでした。

ジープから、アメリカ人らしい兵士《へいし》と、日本人の若《わか》い女の人が降《お》りてきました。

アメリカ兵は車の下をのぞき、運転席にもどって、ジープを少し前に動かしました。

動かないアキラの頭と肩《かた》のあたりから、真っ赤な血が流れ続け、血の海の中につぶれたトマトが、ゴロゴロと転がっています。

アキラは即死《そくし》でした。

「アキラ！　アキラ！　アキラ！」

清一郎は、大声で呼《よ》びました。アキラのそばで、トマトが流れる血の中で動いているように見えました。

アメリカ兵は、アキラをシートのようなものでつつんでジープに乗せると、スピードをあげて走り去りました。

集まっていた人たちはあっというまにいなくなり、ついさっき、そこで子どもが血にまみれて死んだことなどなかったように、いつもの町の風景にもどりました。

野良犬《のらいぬ》が一匹《ぴき》はねられた――そんな感じでした。

清一郎は、その場に座《すわ》りこみました。

「あんなに、とうちゃんが帰ってくるのを待ってたのに、アキラ……」

清一郎は、何日も、アキラが死んだ場所に行きました。アキラの悲しみがしみこんだ場所に。

少しでもアキラのそばにいたくて、アキラの気配を感じたくて、血の跡《あと》が消えるまで、通い続けました。

清一郎は、これまでたくさんの死体を見てきました。その多くは、真っ黒にこげたり、白っぽくなったりしていて、色がありませんでした。

真っ赤な血と、真っ赤なトマト。その色彩《しきさい》の中で、大切な友達が死んでいった光景は、写真のように、強烈《きょうれつ》に頭に焼きつきました。

このときから、トマトが食べられなくなりました。

(なんでみんな、おれのそばから突然《とつぜん》いなくなるんや)

アキラとふたりで暮《く》らした金庫にいると、アキラがいない現実《げんじつ》を突《つ》きつけられるようでした。

何をしていても、涙《なみだ》が出て止まらなくなります。清一郎は、金庫にひとりでいることに耐《た》えられなくなり、飛び出してしまいました。

三ノ宮駅《さんのみや》のベンチで眠《ねむ》っていると、声をかけられました。

「お前、寝《ね》てて泣いてたんか。涙が出てるがな」

目を開くと、十三、四歳《さい》くらいの少年が立っていました。身なりがきれいで、浮浪児《ふろうじ》には見えませんでした。少年は、家でもめて家出してきたのだといいます。

木村君というこの少年と意気投合《いきとうごう》し、一緒《いっしょ》に行動するようになりました。

「なあ、セイちゃん。このまま神戸《こうべ》におったら、かあちゃんたちに探《さが》し出されてしまう。どこでもええ……、そうや、東京行かへんか？」

「東京って、九州より遠いとちがうんか」

「前に連れてってもろうたことがあるんやけど、そんなに遠くないで」

「また、帰ってこれるんかな？」

「だいじょうぶや、すぐもどれるやろ」

（木村君は、なんで家族を大切にしないんやろう。おれは、二度ととうちゃんとかあちゃんに会えへんのに。木村君のおかあちゃん、かわいそうや）

清一郎は、木村君の気持ちが理解できませんでしたが、せっかくできた仲間の頼《たの》みです。木村君が望むなら、一緒に東京に行ってあげようと思いました。

木村君が落ち着いたら、また神戸にもどってくるつもりですが、まだ一度も行ったことのない東京は、なんだか遠い場所に感じます。すぐには帰ってこられない気がしたので、出発する前に、家の焼け跡《あと》と、防空《ぼうくう》ごうのあった場所に行ってみることにしました。


季節は秋に入ろうとしていました。

三月十七日の空襲《くうしゅう》から一年半がすぎ、清一郎がとうちゃん、かあちゃんと暮《く》らした小さな花屋があった場所は、アメリカ軍のイースト・キャンプにのみこまれており、どこに何があったのかさっぱりわかりませんでした。

(空襲《くうしゅう》の前、ここは商店街《しょうてんがい》だったのに。知らへん場所みたいや)

防空《ぼうくう》ごうは、そのままでした。他の人のまねをして、焼け跡《あと》の炭で書いた「かあちゃんとシロ」の板きれは、なくなっていました。

かあちゃんと永遠《えいえん》の別れをした場所です。立っているだけであの日のことがよみがえり、ふいてもふいても涙《なみだ》が出てきます。

「まだ、前のままなんか」

と木村君が聞きました。清一郎は防空ごうの土をさわり、鼻をすすりながら、

「ここにぎょうさん人が埋《う》まってることを、だれも知らんのやろか……」

と答えました。

(かあちゃんとシロはどんなに苦しかったやろう。かあちゃん、おれを残して死んでしもうて……、ほんまに悔《くや》しかったんやろうな……)

かあちゃんの形見《かたみ》に、せめて防空ごうの土を持っていこうと手で掘《ほ》りはじめま

したが、かたくて歯がたちません。

(土を持っていくこともできへんのか)

うつむいた清一郎の目から、涙がポタポタと土にこぼれました。

(この涙だけでも、かあちゃんとシロに届《とど》いてくれ)

そんなことを思いながら泣き続けていると、土が涙でしめってやわらかくなり、少し土を掘りとることができました。

涙がしみこんだ土を、アメリカ兵にもらった大きな軍服のポケットに入れました。

「ほな、行くで!」

初秋の風の中で、清一郎は立ち上がりました。

さいなら、神戸《こうべ》。

第七章　帰命頂礼《きみょうちょうらい》

木村君と清一郎《せいいちろう》は、三ノ宮《さんのみや》駅から省線《しょうせん》（今のＪＲ《ジェイアール》）に乗って大阪へ出ました。もちろん、お金など持っていないのでただ乗りです。
大阪は、神戸《こうべ》と同じように空襲《くうしゅう》で焼け野原になり、駅をうろうろしている浮浪《ふろう》児《じ》の数は、神戸より多いように見えました。
清一郎は、途中《とちゅう》で大阪の阿倍野《あべの》に立ち寄りました。アキラのふるさとを見ておきたかったからです。
兄弟のように寄りそって暮《く》らしたのに、突然《とつぜん》いなくなってしまったアキラ。遺《い》体《たい》があのあとどうなったか、わからないままです。清一郎は、アキラの写真はもちろん、思い出の物も、何も持っていません。

アキラが育った町に行くだけでも、アキラが確《たし》かに生きていたことを感じられるような気がしました。

「それでセイちゃんの気がすむなら」

と、木村君も一緒《いっしょ》に来てくれました。

阿倍野の駅で降《お》りてみたものの、アキラから「阿倍野」という町の名前しか聞いていなかったので、アキラの家がどのあたりだったのか、見当もつきません。阿倍野の町も空襲で焼けていましたが、大きな闇市《やみいち》があり、にぎわっていました。

(アキラは空襲にあうまで、ここで幸せに暮らしとったんやな)

清一郎は、町を歩いて、空気を吸《す》えただけで満足でした。天国から、アキラが喜《よろこ》んで見ていてくれたような気がしました。

その夜、大阪から東京行きの汽車に乗りました。

超満員《ちょうまんいん》でしたが、まわりの乗客は、汚《きたな》いかっこうで悪臭《あくしゅう》を放《はな》っている清一郎たちから離《はな》れていきました。

（いつものことや）

そんな反応には慣《な》れっこだったので、清一郎は気にしませんでした。

少し離れた席に座《すわ》っていた、片手《かたて》のない復員軍人《ふくいんぐんじん》（戦争から帰ってきた軍人）が、

「これ食べるか？」

と乾《かん》パンをくれました。

このころ、浮浪児《ふろうじ》に優《やさ》しかったのはアメリカ兵と、お坊《ぼう》さん、復員軍人だけでした。

復員軍人から、涙《なみだ》ながらに戦場で死んでいった仲間の遺品《いひん》を見せられたり、戦場での悲惨《ひさん》な体験《たいけん》を聞かせてもらったりしたこともあります。

「きみたちが孤児《こじ》になったのは、おれたちの責任《せきにん》だ」

と泣きながら謝《あやま》られたこともありました。故郷《こきょう》に残してきた自分の子どもを、清一郎たちと重ねたのかもしれません。

名古屋駅から、少年がふたり乗ってきました。

「浮浪児や」

清一郎と木村君はすぐに気づきました。ぼろぼろの服に真っ黒な顔、聞かなくてもわかります。向こうもパッと見て清一郎と木村君に気がついたのか、近くにやってきました。どちらからともなく話しかけ、あっという間に仲良くなりました。

名古屋も空襲《くうしゅう》でひどくやられ、ふたりも、親や家族を亡《な》くしたということでした。四人で話をしたり、うとうとしたりしているうちに夜があけました。

翌朝《よくあさ》、朝の光の中を、汽車はポーッ！　と汽笛《きてき》を大きく鳴らしながら東京駅のホームに入り、車輪《しゃりん》をきしませて止まりました。

「大きいなあー」

ホームに降《お》りた清一郎は、思わず声を出しました。

東京駅は、今まで見たどの駅より大きく、人がたくさんいます。圧倒《あっとう》されました。

見上げると、駅のホームは屋根がなく、骨組《ほねぐ》みだけになっていました。

(東京も、ひどい空襲《くうしゅう》にあったんやな)

いそがしそうに行きかう人の波、波。右も左もわからず、清一郎も木村君も、きょろきょろするばかりです。

清一郎は心細くなりましたが、名古屋の少年たちは前にも東京に来たことがあるらしく、

「おれたちは、上野に行く」

と言うので、ついて行くことにしました。

上野《うえの》駅は東京大空襲で焼け残った数少ない建物だったので、行き先のない人びとが集まる場所になっていました。

上野駅のまわりは大きな店や露店《ろてん》(道ばたで、ゴザや台の上に商品をならべて売る店)があり、たくさんの人が行き来しています。

浮浪者《ふろうしゃ》や浮浪児《ふろうじ》がたくさんいましたが、みんな目つきがするどく、聞こえてくる言葉は早口で、動きもせっかちな感じがしました。

清一郎と木村君は、名古屋の少年たちとはぐれないように気をつけながら歩きました。

日が暮《く》れると肌寒《はだざむ》くなりました。名古屋の少年たちが、

「地下道に行こう」

と、上野駅の地下道を案内《あんない》してくれました。

地下道に足を踏《ふ》み入れた瞬間《しゅんかん》、むわっ、と強烈《きょうれつ》なにおいが襲《おそ》ってきて、清一郎は一瞬《いっしゅん》たじろぎました。腐《くさ》ったものや人間の汗《あせ》や垢《あか》のにおい、いろんなものが混《ま》ざり合ったにおいです。

地下道には、オレンジ色の明かりがいくつかついているだけでうす暗く、大勢《おおぜい》の人が座《すわ》ったり、寝《ね》そべったりしてひしめきあっていました。

地下道の両わきに側溝《そっこう》（みぞ）があり、そこに残飯《ざんぱん》や、えたいの知れないどろど

ろしたものが流れていました。側溝《そっこう》をトイレがわりにしている人もいるようです。側溝から、清一郎がそれまでにかいだことのない、なんともいえないにおいが漂《ただよ》っていました。

じめじめした空気とにおい、人びとのすさんだ表情《ひょうじょう》。

（ここで寝《ね》るんか……）

一年半以上、浮浪児《ふろうじ》として暮《く》らしていた清一郎でもためらいましたが、他に行くあてはありません。

清一郎と木村君は、なんとか見つけたすき間に寝転がりました。

上野で暮らしはじめて驚《おどろ》いたのは、浮浪児の社会のようなものができていて、新聞売りや靴《くつ》みがき、モク拾い（たばこの吸《す》いがらを拾い、中身をほぐして、巻《ま》き直して売る）などの「仕事」があったことです。ちゃんと仕事をとりしきるボスのような子がいて、浮浪児たちに指示したり、仕事をふり分けたりしていました。

浮浪児《ふろうじ》たちはノガミ（上野《うえの》）、モグラミチ（地下道）、チャリンコ（子どものスリ）など、仲間うちだけで使う〝符丁《ふちょう》〟と呼《よ》ばれる言葉を使って会話をしました。清一郎たちは、新聞を売ったり、モク拾いをしたりして、少しずつお金をかせぐようになりました。働きながら、自然に東京の早い言葉に慣《な》れ、土地の名前や場所をおぼえていきました。

ジュク（新宿《しんじゅく》）、ブクロ（池袋《いけぶくろ》）、エンコ*8（浅草《あさくさ》）などに仲間と遊びにいくこともあり、毎日いそがしくすごすうちに、しだいに神戸《こうべ》のことを忘《わす》れていきました。

ある夕方、木村君が残飯《ざんぱん》を口にしてすぐ、

「これ、へんなにおいするで。味も変やで」

と言いました。上野駅裏《うら》の残飯桶《おけ》から拾ってきたものでしたが、清一郎も、へんな味がするような気がしました。

＊8　浅草公園をさかさまにしたのが語源で、昔からこう呼ばれていたようです。

清一郎と木村君は少ししか食べませんでしたが、名古屋《なごや》の少年ふたりは気にせず食べてしまいました。

しばらくして四人ともはげしい腹痛《ふくつう》に襲《おそ》われ、吐《は》いたり、下痢《げり》をしたり、苦しみだしました。

そのうち、名古屋の少年のひとりが転がるように苦しみ出し、

「かあちゃん、かあちゃん……」

と泣きながら小さい声で呼びました。いつもの頼《たの》もしい、大人っぽい声とはぜんぜんちがう、弱よわしい声でした。

みんなでおなかをおさえたり、なでたりしてやっても、いっこうに痛《いた》みがおさまらないようです。

清一郎の頭に、神戸で、同じように食中毒《しょくちゅうどく》で死んでしまったトシのことが浮《う》かびました。

「がんばれよ!」

思わず、大声で叫《さけ》びました。

仲間が駅員を呼《よ》んできましたが、そのときはもう、少年は動かなくなっていました。

駅員が担荷《たんか》を持ってきました。駅員は、

「警察《けいさつ》の方で火葬《かそう》にするから心配しないでいいよ。本願寺《ほんがんじ》さんにでも拝《おが》んでもらうから。最後のお別れをしなさい」

と言いました。

あまりにも、あっけない死でした。

一緒《いっしょ》に名古屋《なごや》から来た少年が、動かなくなった少年の手をにぎったまま泣いています。

清一郎たちは何も言えず、担架で運ばれていく少年を、ただ泣きじゃくりながら見送ることしかできませんでした。

清一郎は、これまで何度も、大切な人が目の前で死んでいく姿《すがた》を見てきました。

（おれもいつか、ああいうふうに死ぬのかもしれへん）

自分はたまたま生きているだけで、死はいつもすぐそばにある。そう思うようになっていました。


残された名古屋の少年が、茨城《いばらき》の親戚《しんせき》をたずねてみるというので、清一郎と木村君も、一緒に行くことにしました。

汽車は、窓《まど》から人が落ちそうなほど満員《まんいん》でした。

清一郎たちがいつものように、切符《きっぷ》を持たずに改札《かいさつ》を突破《とっぱ》すると、

「こらー、お前らー！」

駅員が追いかけてきました。

清一郎たちは夢中《むちゅう》でホームを走って逃《に》げました。ホームの端《はし》が見えてきました。

（まずい、もう先がない）

そう思ったとき、

「ここに乗れ」

先頭の機関車から機関士が顔を出し、機関車の後ろの炭水車《たんすいしゃ》を指さしました。蒸気《じょうき》機関車は、ボイラーに石炭《せきたん》をくべてお湯をわかし、その蒸気を圧縮《あっしゅく》させた力で動きます。走りながら石炭を燃《も》やし続けられるように、炭水車に石炭と水を積《つ》んでいるのです。

汽車は今まさに発車するところらしく、煙突《えんとつ》から黒い煙《けむり》を出し、車輪《しゃりん》の間から、モウモウと白い蒸気が出はじめていました。

清一郎たちは、蒸気機関車の運転席の後ろに連結された炭水車によじのぼり、石炭の山の上に飛び乗りました。

石炭の山は不安定で、はげしく揺《ゆ》れます。急ブレーキがかかることもあり、必死でつかまっていてもふり落とされそうです。落ちたら、まちがいなく即死《そくし》でしょう。生きた心地がしませんでした。

「降《お》りろ」

機関士に言われて降《お》りたときには、顔も体も、全身が石炭とすすで真っ黒でしたが、もともと服はぼろぼろ、何か月も風呂《ふろ》に入らず汚《よご》れきっているので、気になりませんでした。

汽車を乗りつぎ、茨城《いばらき》に着くとすぐ、名古屋の少年は、親戚《しんせき》の家を探《さが》しに行きました。しかし、

「『東京から親戚がたくさん来ていて、これ以上めんどうは見られない』って言われた」

ともどってきました。ほっぺたに、涙《なみだ》の跡《あと》がありました。

全国に十二万人以上いた孤児《こじ》の中には、親戚に引きとられた子も少なくありませんでしたが、じゃま者あつかいされていづらくなり、飛び出してくる子もたくさんいました。

この名古屋の少年のように、ほかに行き先がないとわかっていても、断《ことわ》られる子もいたのです。

名古屋の少年は、

「そのかわり、サツマイモもろうてきた」

と涙《なみだ》が残る目で笑って、サツマイモをたくさんとり出しました。

日が暮《く》れると、風の冷たさが身にこたえます。行くあてのない三人は、お寺を見つけました。名古屋の少年が、

「あそこでたき火して、焼きいもでもするか」

と言い、みんなで境内《けいだい》に入って落ち葉を燃《も》やし、焼きいもをしました。甘《あま》くて、とてもおいしいサツマイモでした。

おなかがふくれ、たき火のまわりでうとうとしていると、ふいに声をかけられました。

「みんな、どこから来たんだ？」

見上げると、墨染《すみぞ》めの衣《ころも》を着て、ほうきを持った和尚《おしょう》さんが立っていました。

「子どもだけでは危険《きけん》だし、火も危《あぶ》ないから、うちの寺に来なさい。今晩《こんばん》行くと

ころがないなら、庫裡《くり》（お坊《ぼう》さんや家族が住む場所）で寝《ね》るといい」

久《ひさ》しぶりの畳《たたみ》でした。興奮《こうふん》してなかなか寝つけません。

「畳って、あったかいんだなあ……」

いつも冷たいコンクリートの上で寝ていたので、畳のやわらかさとあたたかさが、心と体にしみるようでした。清一郎は寝ながら、何度も畳をさわりました。

ふと、かあちゃんのぬくもりや、昔話を聞きながら眠《ねむ》っていたころのことがよみがえってきました。

（あれから、一年半くらいしかすぎていないのに、遠い昔みたいや）

あれはどこの神社《じんじゃ》だったのでしょうか。着物を着たかあちゃんと手をつないで、夜店を見て歩いた日が思い出されました。

（神戸《こうべ》から、ずいぶん遠くに来てしまったんやな……）

悲しさと寂《さび》しさが襲《おそ》ってきて涙が流れ、遅《おそ》くまで眠れませんでした。

和尚《おしょう》さんに聞かれるままに、翌日《よくじつ》三人は、それぞれのこれまでのいきさつを話しました。

和尚さんは、

「戦争で、たくさんの人が犠牲《ぎせい》になった。兵隊にとられたまま、まだ帰ってこない人もたくさんいるんだ。

そしてね、特に、なんの罪《つみ》もない子どもたちが不幸になっていくのは、本当に悲しいことだ。この前、お寺の集まりでも、君たちのような孤児《こじ》のことが話題に出たよ……」

と重い口調で言い、

「セイちゃんは、行くところがないようだからしばらくここにいなさい。

木村君は、できるだけ早く神戸《こうべ》に帰って、両親を安心させてやりなさい。話せば、きっとわかりあえるよ。気持ちの整理がつくまでの間、セイちゃんと一緒《いっしょ》にここにいたらいい」

名古屋《なごや》の少年には、

「きみの親戚《しんせき》の家には、私がきみのめんどうを見るように頼《たの》んでくる。きっと、だいじょうぶだよ」

と言って、三人に笑いかけました。

清一郎がこれまで会ったことのないような、優《やさ》しさに満《み》ちた笑顔でした。

三日後、名古屋の少年は親戚の家に引きとられることになり、寺を出ていきました。

和尚さんと奥《おく》さん、清一郎より少し年下の娘《むすめ》さん、木村君と五人の暮《く》らしがはじまりました。

清潔《せいけつ》で暖《あたた》かい居場所《いばしょ》があり、お寺の掃除《そうじ》をしたり、農作業をしたりする暮らしは、身も心もいやされるような日々でした。

一か月ほどがすぎ、吹《ふ》く風が冷たさを増《ま》して冬の足音が近づいてきたある日、
和尚さんが、

「亡《な》くなった人たちの供養《くよう》をしてあげよう。供養したい人の名前と年齢《ねんれい》を、紙に書きなさい」

と言いました。

きちんと字を書くのは久《ひさ》しぶりでした。清一郎は正座《せいざ》して、少し緊張《きんちょう》しながら書きはじめました。

（とうちゃん、かあちゃん、子犬のシロ、トシ、アキラ）

ゆっくり呼吸《こきゅう》しながら書かないと、胸《むね》がざわざわして、字が震《ふる》えそうでした。

それから、地下道で死んだ名古屋《なごや》の少年の名前を書きました。

正確《せいかく》な名前や年齢《ねんれい》がわからないものもありましたが、思い出せる限り、書きました。最後に、六月五日の空襲《くうしゅう》のとき、自分の腕《うで》の中で死んでいった赤ちゃんを「あかちゃん」と書き、だまって和尚《おしょう》さんにわたしました。

清一郎が書いた紙を見ていた和尚さんの目に、みるみるうちに涙《なみだ》がにじみました。

「セイちゃんは、わずか十歳《さい》ぐらいで、こんなにたくさんの『死』に出会ってきたんだね。どんなにつらかったか。想像《そうぞう》するだけで胸がいっぱいになる。よく、一人で耐《た》えてきたね……」

和尚さんは、きれいな真っ白い板に、清一郎が書いた名前を筆で書いていきました。

赤ちゃんの名前は「……童子《どうじ》」と書きました。

和尚さんは、その板を仏壇《ぶつだん》に置いてお経《きょう》を読み、拝《おが》んでくれました。

本堂《ほんどう》に響《ひび》くお経の声。座《すわ》って聞いていると、一人一人の顔や、死んでいったときのことをあざやかに思い出しました。

（おれは、忘《わす》れへん）

胸の中で呼《よ》びかけながら涙があふれ、板に書かれた字がでかすんで見えなくなりました。

和尚さんは、

「これで、亡《な》くなった人は浄土《じょうど》に行けるよ。体は死んでこの世にはないけど、『いのち』は魂《たましい》になって、『帰命頂礼《きみょうちょうらい》』をとなえることで、残った人によみがえってくる。そして、いつまでもその人の心の中に生きているんだよ。いつまでも忘《わす》れないで、拝《おが》んであげるんだよ」

(とうちゃんも、かあちゃんも、魂になって、おれを支《ささ》えてくれてるんや。強く生きていこう)

清一郎は、こぶしでごしごしと涙《なみだ》をふきました。

十二月に入り、和尚《おしょう》さんが、

「木村君の親と連絡《れんらく》がとれたよ。お正月を一緒《いっしょ》にすごしたいから、迎《むか》えに来たいと言っている」

と話してくれました。

しかし、木村君は、

「どうしてもいやや。セイちゃん、おれと一緒に逃《に》げてくれへんか」

と言います。

「せっかく親が来るんやから、一緒に行くのがええよ」

「絶対《ぜったい》いやや、セイちゃんと一緒に神戸《こうべ》に帰りたい」

と泣きながら頼《たの》みます。木村君は神戸に帰りたい気持ちはあるものの、家族と暮《く》らすのはいやなので、どうしても清一郎と一緒がいいというのです。

「しゃあないな、一緒に行くわ」

木村君と一緒に神戸に帰ることにしました。

しかし、あたたかくめんどうを見てくれた和尚さんには、そのことを言い出せませんでした。

ふたりは、黙《だま》って寺を出ることにしました。

（和尚さん、ごめんなさい）

申しわけない思いでいっぱいでした。

朝早く、庫裡《くり》を出て本堂《ほんどう》に行き、和尚《おしょう》さんに供養《くよう》してもらったあの板を拝《おが》みました。

（どこにいても、『帰命頂礼《きみょうちょうらい》』の言葉を忘《わす》れないでいよう）

十数年後、大人になってから、清一郎はこの寺を訪《たず》ねました。

植木さんという和尚《おしょう》さんは、すでにこの世を去っていました。

でも、亡《な》くなった人たちの名前を書いたあの板は、本堂《ほんどう》のもとの場所に残っていました。

和尚さんの優《やさ》しい顔が、『帰命頂礼』という言葉とともに、今でも清一郎の胸《むね》にあたたかく浮《う》かんできます。

第八章　アキラのおとうさん

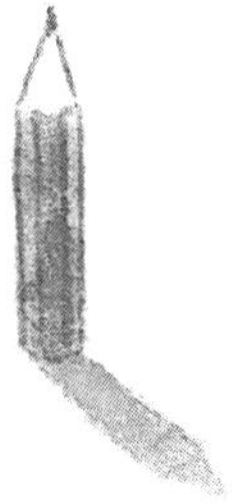

茨城《いばらき》の和尚さんのお寺を出て、東京にもどった木村君と清一郎《せいいちろう》ですが、すぐに神戸《こうべ》に向かうことはできませんでした。

清一郎が高熱《こうねつ》を出して倒《たお》れてしまったからです。

頭がふらふらして、歩くことができません。上野《うえの》駅の待合室でうずくまっている清一郎を、駅員が近くの「浅草本願寺浮浪者収容所《あさくさほんがんじふろうしゃしゅうようじょ》」につれていってくれました。

木村君が、ずっとそばで看病《かんびょう》してくれました。そのおかげか、何日かたってようやく熱が下がり、起き上がれるようになりました。

気づくと、木村君の姿《すがた》がありません。

(食べものを探《さが》しに行ったんかな)

清一郎は、しばらく動かずに待っていましたが、帰ってきません。何日待っても、帰ってきませんでした。

（何かあったんやろうか……）

清一郎は、心配で、夜も眠《ねむ》れませんでした。

（木村君、帰ってこんかもしれん）

一週間以上がすぎ、もう本当にもどってこないとわかったとき、寂《さび》しさで涙《なみだ》がこみあげました。

ふりかえってみると、孤児《こじ》になって以来、必ずだれかがそばにいてくれました。

（本当にひとりになってしもたんや）

そう思うと、心細くなってまた涙が出ました。

（木村君、なんでいなくなったんやろ）

清一郎は、その後も木村君を探《さが》し続けましたが、それきり、今も消息《しょうそく》はわからないままです。

一九四七年（昭和二十二年）春

ひとりぼっちになった清一郎は児童相談所につれていかれ、千葉《ちば》県の戦争孤児収容施設《しゅうようしせつ》に入ることになりました。

春が来て、清一郎は十二歳《さい》になりました。

最初にいた施設は人数が増《ふ》えすぎたので、途中《とちゅう》から小さな分園《ぶんえん》に三人の孤児と一緒《いっしょ》に移《うつ》され、毎日朝から晩《ばん》まで、あめ作りの工場で働かされました。

食事のとき、工場長の家族は一段《だん》高い場所で食べ、三人の孤児たちは、土間《どま》（地面とほぼ同じ高さで、作業場のようなところ）にしいた板の上に正座《せいざ》して食べました。

食事の内容《ないよう》も、工場長の家族とちがいました。同じ土間に置かれた飼《か》い猫《ねこ》のえさと、孤児の食事の中身が同じだった日もありました。

工場長は、土間の上から飼い猫にえさを投げあたえることもあり、

「お前たちは猫《ねこ》と同じだ」

と無言で宣言《せんげん》されているようでした。

こういうやり方は、孤児《こじ》たちの心を深いところで傷《きず》つけました。

この分園《ぶんえん》から本園《ほんえん》にもどされてしばらくたったある日、突然《とつぜん》、清一郎と、一歳《さい》下のタダシという子が、試験的《しけんてき》に小学校に入学できることになりました。

長い間学校に行っていないので、清一郎は一学年下の五年生に、タダシは四年生に入学しました。

なんの心配もなく、静かに学校で勉

強をしている子どもたち。

清一郎は、あたりまえのように学校に通う同級生たちが、うらやましくてたまりませんでした。仲良くなろうという気持ちは起きず、自分から話しかけることはほとんどありませんでした。

清一郎にとって、働いたり、石を投げられたりすることもなく、机《つくえ》に座《すわ》って勉強できることは、夢《ゆめ》のようでした。でも、

(こんないいことは、きっと長く続かん)

孤児《こじ》になって以来しみついている考えが、いつも胸《むね》に暗い影《かげ》をさしました。

清一郎の不安は的中《てきちゅう》しました。

同じ戦争孤児収容《しゅうよう》施設《しせつ》に入っている子どもたちからの、タダシと清一郎に対するいじめが日に日にはげしくなっていきました。施設の中でふたりだけが学校に通っていたので、ねたましかったのかもしれません。

教科書やノートを破《やぶ》られ、エンピツや消しゴムを隠《かく》されるのはしょっちゅうで、

蹴《け》られたり、なぐられたり、ケガが絶《た》えませんでした。

その日も、タダシが鼻血を流しながら泣いていました。

「おれ、もうここにいるのがいやになった。毎日なぐられたり、かばんを隠《かく》されたり」

「そうだな、もう無理やな……」

タダシと相談して、学園を逃《に》げ出すことにしました。

学校生活は、二か月足らずで終わりを告《つ》げました。

学校の帰り、そのまま成田《なりた》駅まで十二キロの道のりをふたりで歩き、道の途《と》中《ちゅう》で教科書やノートを捨《す》てました。

季節は秋になっていました。歩きながら栗《くり》の実をどっさり拾い、それを駅の近くで売って、食料を手に入れました。

「もっと学校行きたかったな……」

あんな夢《ゆめ》みたいなことは、もう起きないんじゃないか。

チャンスが来ても、またすぐに消えてしまうんじゃないか。どこへ行っても、未来が閉《と》ざされるような気がしました。

清一郎とタダシは、上野《うえの》駅に行きました。一年ぶりの地下道。足をふみいれた瞬間《しゅんかん》に襲《おそ》ってくる、強烈《きょうれつ》なにおいは変わっていませんでした。側溝《そっこう》にもあいかわらず残飯《ざんぱん》や排泄物《はいせつぶつ》が流れていて、混《ま》ざり合い、なんともいえないにおいを放っています。甘酸《あまず》っぱいようなにおいがすることもあり、おなかがへっているときは、食欲《しょくよく》をそそられることさえありました。

タダシは、東京の本所《ほんじょ》（現在の墨田《すみだ》区）に住んでいましたが、おとうさんは戦争に行ったきり帰ってこず、おかあさんと弟は、三月十日の東京大空襲《だいくうしゅう》で死んでしまったといいます。

タダシは学童疎開《がくどうそかい》で山形《やまがた》県に行っており、たまたま一日遅《おく》れで帰ってきたので助かったのでした。

「一日遅《おそ》かったんで、お前だけ助かったんやな」

「でも、一日早かったらかあちゃんや弟に会えたんだ。どっちがよかったのか、おれにはわからない」

タダシの気持ちが、清一郎には理解できました。清一郎も、あのとき、防空《ぼうくう》ごうでか(ひとりだけ生き残ってこんなつらい思いをするなら、あちゃんと一緒《いっしょ》に生き埋《う》めになった方がよかったのかもしれない)

と思ったことが何度もありました。

タダシの家があったあたりを探《さが》しに行ってみましたが、

「どこだったか、ぜんぜんわからない」

と言います。

何もかも焼けて、目印になるものも残っておらず、見当がつかないようでした。

ふたりは、家探しをあきらめました。

夜になると、駅の待合室や、神戸《こうべ》にいたときのように、遠距離《えんきょり》を走る蒸気《じょうき》機関車に乗って寒さをしのぎました。

上野《うえの》で暮《く》らしている間、何度か「狩込《かりこ》み」にあい、施設《しせつ》に入れられました。施設はどこも環境《かんきょう》が劣悪《れつあく》で、清一郎たちと同じように、入れられた直後に脱走《だっそう》する子があとを絶《た》ちませんでした。

捕《つか》まえても捕まえても、浮浪児《ふろうじ》が脱走する様子を見たGHQ《ジーエッチキュー》は、きつく命令を出していました。

「いかなる方法をとっても、児童を逃《に》がすべからず」

これを受けて、たとえば板橋《いたばし》区の養育院《よういくいん》という収容《しゅうよう》施設では、建物のまわりに竹を編《あ》んでつくった柵《さく》をはめ、さらにまわりを高い竹垣《たけがき》(竹を組みあわせてつくった柵)でオリのように囲《かこ》い、長いムチを持った番人が見張《みは》りをしました。それでも清一郎たちはすばしこく、ひるまずに脱走をくりかえしました。

何か月も風呂《ふろ》に入らず、皮膚《ひふ》の病気にかかってウミが出ていることもある清一郎たちを、人びとは避《さ》けて通りました。

靴《くつ》みがきをしたり、繁華街《はんかがい》で残飯《ざんぱん》をあさったりする日々が続きました。盗《ぬす》みをすることは少なくなりました。

(もう、こんな生活から抜《ぬ》け出したい)

長い路上生活の中で、そういう気持ちが強くなっていました。

あるとき、久《ひさ》しぶりに池袋《いけぶくろ》の露店《ろてん》でカバンを盗みました。

清一郎たちは必死で逃《に》げましたが、カンがにぶっていたのか、あっさり捕《つか》まって交番に突《つ》き出されてしまいました。

「待て、お前ら!」

警官《けいかん》はあまり怒《おこ》らず、

「人のものを盗《と》ってるだけでは、いつまでも生きてはいけないよ」

と諭《さと》しながらあんパンを食べさせてくれ、ふたりを大塚《おおつか》にある児童相談所につれていきました。そこにいた職員《しょくいん》に、

「長野《ながの》の松代町《まつしろまち》というところに、できたばかりの施設《しせつ》がある。近いうちに施設の人が迎《むか》えに来るけど、どうだい、お前たち行ってみないか？」

と提案《ていあん》され、清一郎とタダシは、

「行きます」

と即答《そくとう》しました。

世の中では、

「浮浪児《ふろうじ》は施設に保護《ほご》してもすぐ脱走《だっそう》する。しみついた浮浪癖《へき》が抜《ぬ》けないからだ」

などといわれていましたが、清一郎たちは好きこのんで脱走していたわけではありません。

多くの収容《しゅうよう》施設は、職員の虐待《ぎゃくたい》、飢《う》えやいじめがまん延《えん》しており、命を落とす子もいました。逃亡《とうぼう》を防《ふせ》ぐために、子どもたちを丸裸《まるはだか》にして閉《と》じこめている施設もあったほどで、人間らしく暮《く》らせる場所ではなかったのです。

一方で、路上の暮らしは自由があったものの、やはりつらいものでした。

未来への夢《ゆめ》や希望《きぼう》などありませんでしたが、清一郎も、タダシも、朝、目がさめるとだれかが死んでいるような生活を、抜《ぬ》け出せるものなら抜け出したい、と思っていました。

「もし、今度行った施設《しせつ》がだめだったら、また脱走《だっそう》すればいいよな」

とふたりでこっそり打ち合わせしながら、長野《ながの》の施設に行くまでの一週間、そのまま児童相談所でおとなしく待っていました。

いよいよ明日、長野に移動するという日、思いがけない人が訪《たず》ねてきました。

「きみが、セイちゃんかな？」

カーキ色の服を着た復員軍人《ふくいんぐんじん》さんです。優《やさ》しそうな人でした。

（だれやろう）

と思いながら、

「……はい」

と答えると、おじさんは、

「そうか、きみがセイちゃんか！」

と、うれしそうににこにこしました。

「神戸《こうべ》で、アキラと一緒《いっしょ》に金庫で暮《く》らしてたセイちゃんやな？　ずっと探《さが》しとったんや。やっと会えた。……あ、おっちゃんな、アキラのおとうちゃんや」

（アキラのおとうちゃん……！）

清一郎は絶句《ぜっく》しました。

「去年の秋、やっと日本に帰ってこれたんや。大阪の家も、神戸の親戚《しんせき》の家も空襲《くうしゅう》で焼けとったけど、アキラだけ生き残ったって聞いて、あちこち探しまわったんや。神戸でセイちゃんっていう子と金庫で暮らしとったって聞いて、金庫も探したけど、もうだれも住んどらんかった。

駅にいた浮浪児《ふろうじ》から、セイちゃんは東京に行ったって聞いて、東京に探しに来たけど会えんかった。それから何回も東京来て、児童相談所や施設を訪《たず》ね歩いたんや。そしたら、ここに、今度長野に行くセイちゃんっていうのがいる、その子じゃないかって教えてくれた人がいてな。いやー、やっと会えた」

本当に、うれしそうでした。そして、

「アキラはどないしたんやろ？」

早く知りたくてたまらない、という様子で聞きました。

アキラは、もうこの世にいない……。アキラのおとうさんがどんな思いでアキラを探《さが》していたのか伝わってきて、清一郎は苦しくなりました。こんなにうれしそうなアキラのおとうさんに、アキラが死んでしまったことを伝えるのは、つらいことでした。

（でも、ウソをつくわけにもいかへん）

清一郎は、一生懸命《いっしょうけんめい》、アキラのことを伝えました。

金庫での生活のこと。

アメリカ兵のジープにひかれて死んでしまったこと。

最後に、アキラが、

「とうちゃん、きっと帰ってくる。おれを探《さが》してくれる」

と言っていたことを伝えました。

アキラのおとうさんはその場にへたりこみ、大声をあげて泣きました。

しばらくして立ち上がると、

「ありがとう。アキラは体も小さかったし、ひとりでは何もできん子やったから、セイちゃんがそばにいてくれて、めんどうを見てもろうて、ほんまによかった。最後までアキラのそばにいてもろうて、ありがとう。アキラがひとりぼっちにならなくてよかった」

と、言いました。

アキラのおとうさんが戦争から帰ってきたのは、アキラが亡《な》くなった二か月後でした。

あと少し早ければ、アキラはおとうさんに会えたのです。

「……それで、アキラの遺体《いたい》はどこにあるんやろう」

「アメリカ兵が持ってって、どうなったかわからんのです」

「そうか……、そんなら、神戸《こうべ》にもどって、たずねてみるわ。何かわかったらセイちゃんに連絡するよ。体に気をつけて、アキラの分まで生きてや」

清一郎は、肩《かた》を落として帰っていく、アキラのおとうさんの後ろ姿《すがた》を見送りました。

あと、ほんの一日遅《おそ》かったら、清一郎とアキラのおとうさんは会えなかったはずです。

（アキラが、オレとおとうさんを会わせてくれたのかもしれない）

茨城《いばらき》の和尚《おしょう》さんの笑顔と、『帰命頂礼《きみょうちょうらい》』という言葉を、ふと思い出しました。

第九章　浮浪児《ふろうじ》仲間の歌

一九四七年（昭和二十二年）　初冬

アキラのおとうさんを見送った翌朝《よくあさ》、清一郎《せいいちろう》とタダシは、長野《ながの》県の施設《しせつ》「恵愛《けいあい》学園《がくえん》」から迎《むか》えに来た、若《わか》いお坊《ぼう》さんにつれられて汽車に乗りました。

「おれたち、お客さまやで」

これまで、きちんとお金をはらって汽車に乗り、座《すわ》ることなどなかったので、ふたりは腰《こし》がそわそわして落ち着かず、汽車に乗っている七時間、窓《まど》の外をながめたり、笑ったり、はしゃぎっぱなしでした。

二十代の宮本了吾《みやもとりょうご》さんという若いお坊さんは、そんなふたりをおだやかに見守っていました。

しだいにトンネルが多くなり、トンネルを抜《ぬ》けるたびに山や畑が増《ふ》え、白い雪景色へと変わっていきました。

海辺の神戸《こうべ》で育った清一郎は、車窓《しゃそう》から見える山やまの景色がめずらしく、いちいち、

「またトンネルや」

「あの山なんや」

とさわいでいたので、あっという間に感じました。

途中《とちゅう》でローカル線に乗り換《か》えて松代《まつしろ》駅で降《お》り、そこから四十分以上、ごろごろと石が転がる山道を歩きました。

「まだ着かへんのか、えらい田舎《いなか》やなあ」

とグチが出はじめたころ、ようやく恵愛学園にたどり着きました。

恵愛学園のある山間の西条村《にしじょうむら》は、ひと足早い冬の静けさにつつまれていました。

恵愛学園《けいあいがくえん》の経営《けいえい》は、他の孤児施設《こじしせつ》と同じように火の車で、いつも食べるものが足りませんでした。

職員《しょくいん》と子どもたちは、村の人たちに、

「食べものを分けてください」

とリヤカーを引いて頼《たの》んでまわったり、おなかをすかせた子どもたちが柿《かき》の木から実を盗《ぬす》んで丸裸《まるはだか》にしたりするので、村人たちから冷たい目で見られていました。

つれてこられた孤児の中には、自分の苗字《みょうじ》や名前をおぼえていない子もいました。そういう場合は、板橋《いたばし》○○夫《お》、台東《たいとう》○○子、という具合に、その子が保護《ほご》された場所を苗字にして、職員が名前をつけました。

松代町《まつしろまち》には、第二次世界大戦の末期、「松代大本営《まつしろだいほんえい》」と呼《よ》ばれる施設が建設されていました。

本土決戦《ほんどけっせん》（連合国軍《れんごうこくぐん》の日本上陸を想定《そうてい》した作戦のこと。本土決戦の前に終戦になり、実際は行われなかった）になったときの拠点《きょてん》として、陸軍総司令部《りくぐんそうしれいぶ》や皇居《こうきょ》、日本放送協会（NHK《エヌエッチケー》）や中央電話局（今のNTT《エヌティーティー》）など、国の中心となる機関すべてを東京から移《うつ》せるよう、山の中にトンネルを掘《ほ》り、極秘《ごくひ》に建設《けんせつ》が進められたのです。

トンネルの長さは約十キロメートル、総工事費《そうこうじひ》は、当時の金額《きんがく》で一億円とも二億円ともいわれ、戦後、新聞が〝今まで我が国で手がけた、いかなる工事よりもはるかに雄大豪壮《ゆうだいごうそう》なものである〟と伝えたほどの巨大《きょだい》工事でした。

しかし、建設の途中《とちゅう》で終戦を迎《むか》えたため、完成を目前にして放置されていました。

恵愛学園は、天皇陛下《てんのうへいか》ご一家が生活するための施設（仮御座所《かりござしょ》）としてつくりかけだった建物を、お坊《ぼう》さんたちが協力して借り受け、戦争孤児のための施設にしたのです。

西条村《にしじょうむら》の近くのお寺の和尚《おしょう》さんが、戦争から復員軍人《ふくいんぐんじん》として帰ってきたとき、上野《うえの》駅で見た浮浪児《ふろうじ》の姿《すがた》に心を痛《いた》め、

「これは、おれたちの責任《せきにん》だ。全国に八万軒《まんけん》ある寺が、ひとりずつでも引きとれば、多くの戦争孤児《こじ》を救《すく》える」

と考えて周囲《しゅうい》の寺に協力を呼《よ》びかけ、恵愛学園《けいあいがくえん》をつくったのでした。

清一郎たちが使っていた部屋の入口には、「学習院《がくしゅういん》」と書かれた木の札《ふだ》がかかっていました。皇太子殿下《こうたいしでんか》が学ばれるための施設《しせつ》として、建築中《けんちくちゅう》だったものです。

村人たちは、〝松代《まつしろ》の学習院〟に、皇族《こうぞく》ではなく浮浪児《ふろうじ》たちがやってきたことを「とんでもない災難《さいなん》」と受け止めました。

清一郎とタダシを大塚《おおつか》の児童相談所に迎《むか》えにきてくれた宮本了吾《みやもとりょうご》さんは、浮浪児を引きとるためによく東京と長野《ながの》を往復《おうふく》していましたが、東京の収容《しゅうよう》施設で係員が子どもたちを、

「一匹《ぴき》、二匹《ひき》」

と犬のように数えることに驚《おどろ》きました。

村人たちも、同じように恵愛学園の子どもたちを〝学習院の野良犬《のらいぬ》〟と呼びま

した。

子どもたちが畑のものを平気でとるので、

「弁償《べんしょう》しろ！」

とどなりこまれることはしょっちゅうで、職員《しょくいん》たちは、必死に頭を下げ続けました。

さらに、村人たちは、

「うちの子どもが通う学校に、あの野良犬たちが来ちゃ困《こま》る」

と、村をあげて恵愛学園の子たちが学校に行くのを反対しました。

「あいつらは不良だ」

「病気をうつされる」

村人の反対は根強く、恵愛学園が開設して一年半たっても、子どもたちは学校に通えないままの状態《じょうたい》が続いていました。これは西条村《にしじょうむら》に限《かぎ》ったことではなく、全国で同じような問題が起きており、連日のように新聞をにぎわせていました。

路上で長く暮《く》らし、大人を信じられなくなっていた孤児《こじ》たちは、職員《しょくいん》に文句《もんく》を言い、ときには物を投げつけて反抗《はんこう》しました。

恵愛学園《けいあいがくえん》では、柳沢優子《やなぎさわまさこ》さん、河上雅子《かわかみまさこ》さんというふたりの保育士が清一郎たち十二人のめんどうを見てくれました。ふたりは二十代でまだ若《わか》く、清一郎たちにとっては先生というより、お姉さんのような存在《そんざい》でした。

保育士たちは、東京から新しい子が到着《とうちゃく》すると、まずドラム缶《かん》で風呂《ふろ》をわかして入れ、シラミだらけの服は別のお湯でぐつぐつ煮《に》て消毒《しょうどく》しました。清一郎たちも、同じように、体を洗《あら》ってもらいました。

保育士のひとり、柳沢さんは、兵隊に行っていた夫をなくしていました。夫が、戦地でマラリア（熱帯《ねったい》の国に多い熱病《ねつびょう》）にかかって亡《な》くなっていたことを知ったのは、戦争が終わって一か月後のことで、いつ帰ってくるか、いつ帰ってくる

かと心待ちにしていたときでした。柳沢さんは、戦病死を知らせるはがきを読みながら泣き、

（あの、強く強くにぎられた手の感触《かんしょく》は、二度ともどってこないんだわ）

枕《まくら》を抱《だ》きしめ、そのまま一晩《ひとばん》じゅう泣き明かしました。

そして、あとに残された四歳《さい》の長男を連れて、住みこみで働くために恵愛学園にやってきたのでした。

（この子たちは、私と同じ戦争の犠牲者《ぎせいしゃ》なんだ。これからの人生をかけて、この子たちに愛情《あいじょう》をそそごう）

柳沢さんはそう決心したものの、浮浪児《ふろうじ》として生活していた子どもたちとの暮らしは、想像《そうぞう》していたほど甘《あま》くありませんでした。

自己主張《じこしゅちょう》がはげしく、ちょっと注意されると反抗して、怒《いか》りを爆発《ばくはつ》させる。食事時間が待てないといって暴《あば》れまわる。

規則《きそく》正しい生活はきゅうくつだ、と脱走《だっそう》する子があとを絶《た》ちません。

食べものの多い・少ないが原因《げんいん》で、子ども同士で血まみれのなぐり合いをすることもめずらしくありませんでした。

村の畑からサツマイモをこっそり掘《ほ》ってきて、生で食べる。どこかの家の釜《かま》から ご飯を盗《ぬす》む、学園の台所から米をとり、裏山《うらやま》のほら穴《あな》の中で火を起こして炊《た》くなど日常茶飯事《にちじょうさはんじ》でした。

柳沢《やなぎさわ》さんより年下の河上《かわかみ》さんは、孤児《こじ》たちに追いまわされて怖《こわ》い思いをする始《し》末《まつ》です。

（この子たちは、やることが想像《そうぞう》をこえている……）

柳沢さんも、注意しながら声が震《ふる》えてしまうことがありました。

どう接《せっ》すれば信用してくれるのか、人間らしい生活習慣《しゅうかん》を身につけてくれるのか、毎日悩《なや》みはつきませんでした。

言葉は荒《あら》あらしく、目つきもするどい子どもたちでしたが、柳沢さんは、子どもたちの気持ちの浮《う》き沈《しず》みのはげしさに気づきました。ついさっきまではしゃぎ

まわっていたかと思うと急にふさぎこんで無口になる、という時間が必ずありました。

柳沢《やなぎさわ》さんがだれかに優《やさ》しくすると、自分にも目を向けてほしい、というはげしい嫉妬《しっと》と競争が、他の子どもたちの間で必ず起こりました。

（この子たちは、愛情《あいじょう》に飢《う》えているんだ。私たちが精《せい》いっぱいそそいでいるつもりでも、まだまだ足りないんだ）

柳沢さんと河上《かわかみ》さんは、昼も夜も、子どもたちにつきっきりで世話をしました。恵愛学園《けいあいがくえん》では、毎晩《まいばん》のようにおねしょをする子がたくさんいました。小さい子に限《かぎ》らず、十歳《さい》以上の子もしょっちゅうおねしょをしました。

「みんなさみしい思いをしてるんだよね。もし、おかあさんが生きていて一緒《いっしょ》に寝《ね》てくれれば、おねしょなんかすぐに治るのに……」

柳沢さんは、よくそう言いました。

（先生たちは、いったいいつ起きて、いつ寝てるんだろう？）

清一郎がそう思っていたくらい、二十四時間、寄りそい続けてくれました。反抗《はんこう》しながらも、子どもたちは柳沢さんたちふたりの保育士を〝おかあさん〟と呼《よ》び、しだいに信頼《しんらい》するようになりました。脱走《だっそう》する子はへっていきました。

村の小学校に通えることになった、という知らせがきたのは、清一郎が恵愛学園に来てから半年以上すぎた、忘《わす》れもしない六月十三日のことでした。

恵愛学園の職員《しょくいん》のねばり強い努力のおかげで、やっと入学が認《みと》められたのです。

浮浪児《ふろうじ》たちは学校に行けない時間が長かったので、勉強が遅《おく》れているだろうと判断《はんだん》されて、全員ひとつ下の学年に入ることになり、清一郎は六年生に編入《へんにゅう》することが決まりました。

「やっと学校に行ける！」

清一郎たちは大喜《おおよろこ》びでした。また学校に通えるなんて、夢《ゆめ》のようです。

初登校の日、みんなでつれだって、わいわいと小学校へのでこぼこ道を下っていきました。

学校に着き、教室に入ろうとすると、

「お前らの教室はここじゃねえ」

村の子たちがとおせんぼして、廊下《ろうか》のすみを指さしました。

「あっちだ」

それは、物置を改造《かいぞう》した、薄暗《うすぐら》い小部屋でした。扉《とびら》には、だれが書いたのか、

「犬小屋」

と大きく書かれていました。清一郎の顔から笑みが消えました。扉をにらみつける子どもたちを、先生もにやにや笑って見ているだけでした。

（なんでこんなことするんだ！　おれたちが何したっていうんだ）

清一郎は怒《いか》りと悔《くや》しさで、体じゅうの血が煮《に》えたぎるようでした。

その後も、村の子たちは清一郎たちを「ガクエンの者《もん》」と呼《よ》び、徹底《てってい》して避《さ》けました。

体育の時間、ドッジボールをするとき、清一郎たちが投げたボールはとりません。

なわとびをするときは、清一郎たちのなわに絶対《ぜったい》に触《ふ》れないようにします。

「バイキンがうつる！」

と口ぐちに叫《さけ》ぶのでした。

食べ物はあいかわらず足りず、学校に持っていく弁当には、いつも、いもや大《だい》根《こん》、とうもろこしをまぜたご飯が入っていました。村の同級生から、

「いも飯《めし》！　大根飯！」

とからかわれるので、恵愛学園《けいあいがくえん》の〝おかあさん〟に、

「こんなもん食えるか！」

と投げつけて泣かせたこともあります。

毎日悔《くや》しい思いをしましたが、やっと行けるようになった学校です。

路上で暮《く》らしていたころは、また通える日が来るとは想像《そうぞう》もできなかった、学

校です。

やっぱり通えることがうれしくてたまらず、休もうとは思いませんでした。

恵愛学園《けいあいがくえん》の十二人の仲間は、いじめられると、みんなで仕返しにいくようになりました。どの子も栄養不足《えいようぶそく》で体が小さく、貧弱《ひんじゃく》でした。

「おれたちがケンカで勝つには、相手の太ももにかみつくしかない」

大きい子が作戦を考えて、学校から帰ると練習をくりかえしました。

「よし、そのあたりだ！　かみつけ！」

「ミノル、意地《いじ》でも離《はな》すな」

恵愛学園のおかあさんたちは、

「なんでいつも、こんなところに穴《あな》があくのかしらねえ」

ズボンにぽっかりあいた穴を見ては、首をひねりました。

清一郎たちは三年間学校に行けなかったので、とにかく勉強ができませんでした。

「ガクエンの者《もん》はばかだ、犬だ」

と村の子に言われるのが悔《くや》しくて、全員で猛《もう》勉強することにしました。

特別な教材を買うお金はないので、毎晩《まいばん》ひたすら、教科書を読んで書いておぼえる、読んで書いておぼえる、そのくりかえしです。

清一郎は、字が上手でした。柳沢《やなぎさわ》さんが、

「大人顔負け！」

と驚《おどろ》いたほどです。形が整《ととの》っているというだけでなく、大人が書くような達筆《たっぴつ》だったのです。

清一郎はコツをつかむのがうまかったのか、すぐに勉強の遅《おく》れをとりもどしました。眠気《ねむけ》におそわれる小さい子を、清一郎たち大きい子たちが励《はげ》まして、勉強をみてやりました。

勉強が終わると、庭に出てみんなで手をつないで、歌を歌いました。

♪緑の丘の　赤い屋根
とんがり帽子《ぼうし》の　時計台
鐘《かね》が鳴ります　キンコンカン♪

「鐘の鳴る丘」　作詞・菊田一夫《きくたかずお》　作曲・古関裕而《こせきゆうじ》

このころ、NHK《エヌエッチケー》のラジオで「鐘の鳴る丘」というドラマが放送され、主題歌とともに爆発的《ばくはつてき》な人気を誇《ほこ》っていました。

浮浪児《ふろうじ》の存在《そんざい》が社会問題になっていたため、GHQ《ジーエッチキュー》の民間情報教育局《みんかんじょうほうきょういくきょく》（CIE《シーアイイー》）が「浮浪児を題材にした、教育効果《こうか》のあるラジオドラマをつくるように」指示《しじ》し、それを受けて制作《せいさく》された番組でした。

復員兵《ふくいんへい》である主人公が、戦争孤児《こじ》になった弟を探《さが》しながら浮浪児たちと出会い、みんなで暮《く》らせる楽園《らくえん》をつくろうと奮闘《ふんとう》するストーリーで、清一郎たちも、このドラマが大好きでした。主題歌もすぐにおぼえました。

♪おやすみなさい　空の星
おやすみなさい　仲間たち
鐘が鳴ります　キンコンカン
昨日にまさる　今日よりも
あしたはもっと　しあわせに
みんな仲よく　おやすみなさい♪

十二人は、同じつらい思いをしてきた者どうし、次第に兄弟のようなきずなで結ばれるようになっていきました。

一学期が終わるころには、清一郎たちの成績《せいせき》は、村の子たちと同じか、追い越《こ》すくらいになりました。

小学三年のミノルは、九九が苦手《にがて》だったので、清一郎がつきっきりで教えました。

ミノルは東京の浅草《あさくさ》に住んでいましたが、三月十日の東京大空襲《だいくうしゅう》で、おかあさんと三歳《さい》の妹を亡《な》くしました。

ミノルは、清一郎にそのときのことをくわしく話してくれました。

大空襲の夜、荒《あ》れくるう猛火《もうか》に追われ、ミノルはおかあさんと妹と三人で、隅田川《すみだがわ》にかかる駒形橋《こまがたばし》にたどり着いたのですが、体じゅうに火の粉《こ》がかかり、防空《ぼうくう》ずきんや洋服が燃《も》えはじめました。まわりの人たちは、どんどん橋から隅田川に飛びこんでいました。

「こわい」

と泣くミノルに、おかあさんは、

「ミノル、これから川に飛びこむから、目をつむっていろ！」

と叫《さけ》び、ミノルの手をにぎって橋から飛びおりました。

目をつむったミノルの口に水が入ってきて、苦しくてたまりませんでした。川の水は凍《こお》るように冷たくて、ぐんぐん体温がうばわれます。

川は深くてまったく足が届《とど》かず、今にも沈《しず》みそうでしたが、妹のまりを背負《せお》ったおかあさんは、おぼれかけながらも、しっかりミノルの手をにぎってくれていました。

そのとき小舟が流れてきました。人がたくさん乗っています。

おかあさんは、

「この子を……」

と小舟にミノルを押《お》し上げ、そのまま、背中のまりと一緒《いっしょ》に沈んでしまいました。

「かあちゃん！　まり！」

ミノルは何度も大声で川に向かって叫びましたが、あっという間に見えなくなってしまいました。

ミノルはそのあと、何日も、おかあさんとまりが沈んでいった駒形橋を行ったり来たりして探《さが》しました。ふたりが死んでしまったことが、小さいミノルにはよく理解《りかい》できなかったのです。

隅田川《すみだがわ》には、数えきれないほどの死体が流れていました。

おとうさんは、ミノルが入学する前に戦死していました。ミノルは、一年生でひとりぼっちになってしまったのでした。

ミノルは浅草《あさくさ》の町をさまよい歩き、やがて上野《うえの》公園や、上野駅の地下道で生活するようになりました。一番小さかったので、大きい子によく泣かされ、命令されて、チャリンコ（スリ）など、いやなことをさせられたといいます。

「大きくなったら、かあちゃんとまりが沈《しず》んだ駒形橋《こまがたばし》に行きたい」

と言うミノルの話を聞きながら、清一郎は涙《なみだ》が出ました。ミノルがどんな思いをしてきたのか、清一郎には痛《いた》いほどわかりました。

（小さいミノルが、なんでこんな悲しい目にあわなきゃいけないんだ）

やりばのない怒《いか》りを感じるのでした。

ミノルと同い年のタカシも、一年生のとき戦争孤児《こじ》になりました。名古屋《なごや》の空襲《しゅう》で両親を亡《な》くし、兄、姉は行方不明《ゆくえふめい》のままです。

東京に出てきて、大きい子について浮浪児《ふろうじ》として暮《く》らしていましたが、あるとき、汽車で松本《まつもと》に行く途中《とちゅう》に甲府《こうふ》駅でみんなとはぐれ、おなかがすいてパンを盗《ぬす》んだところで捕《つか》まりました。

このときのおまわりさんが優《やさ》しい人で、

「この少年は、純粋《じゅんすい》ですなおです。少年の将来《しょうらい》を考えて、孤児収容所《しゅうようじょ》ではなく、評判《ひょうばん》のよいそちらの施設《しせつ》にお願いしたいのです」

と恵愛学園《けいあいがくえん》の所長さんあてに手紙を書き、タカシにも読めるように、

「タカシノ ユキサキ。

マツシロエキデ オリマス……」

行き先をカタカナで紙に書いて持たせてくれました。

「もし迷《まよ》ったら、この紙を駅員さんに見せて教えてもらうんだよ。もう人のもの

をとるな。死んだとうちゃんやかあちゃんが、ぼくを見守ってくれているからな。きっといいことがあるから、がんばるんだよ」

そう言って目に涙《なみだ》をため、タカシの乗った汽車を見送ってくれました。タカシが窓《まど》から見ていると、汽車がホームから遠ざかるまで、手をふり続けてくれたといいます。

九歳《さい》のタカシは、迷《まよ》いながら最終電車で松代《まつしろ》駅に着き、ひとりで真っ暗な山道を歩いて、恵愛学園《けいあいがくえん》にたどり着きました。おまわりさんが書いた手紙を恵愛学園のおかあさんに見せ、抱《だ》きついて大声で泣きました。

タカシは、あとになって、おまわりさんに手紙を書きました。

「いまは勉強がたのしい。大きくなったらおひゃくしょうさんになります」

そしてよく、

「いつか、またおまわりさんに会いに行きたい」

と話していました。

ヤスは、横浜《よこはま》の空襲《くうしゅう》でおかあさんを亡《な》くしました。軍隊《ぐんたい》の輸送船《ゆそうせん》*9に乗っていたおとうさんと、集団疎開《しゅうだんそかい》していたお兄さんは、戦後になっても消息《しょうそく》がわからないといいます。

清一郎たちは、着るものがなかったので、あちこちから寄付《きふ》された服を着ていました。ヤスは女の子ものの赤い半ズボンが気に入ってよくはいていたので、みんなから「赤パンのヤス」と呼《よ》ばれていました。

ヤスは、おねしょをした布団《ふとん》を屋根に干《ほ》しながら、よく、ものがなしいメロディーの歌を口ずさんで泣いていました。

♪春はあけぼの　うぐいす鳴いて

＊9　兵士や物資《ぶっし》を運ぶ船のこと。民間の商船も徴用《ちょうよう》され、海運・水産業の船員の死亡率《しぼうりつ》は推計《すいけい》四三％にのぼり、軍人の死亡率（海軍一六％、陸軍二三％）を上まわった。（大図解「太平洋戦争〜海に消えた船たち」（東京新聞）より）

さめてうれしい　あにいもうと
母とそい寝《ね》の　幼《おさな》い夢《ゆめ》よ
むかしこいしや　なつかしや♪

「想兄譜《そうけいふ》」作詞・西條八十《さいじょうやそ》　作曲・竹岡信幸《たけおかのぶゆき》

その歌にどんな思い出があるのかわかりませんでしたが、清一郎もおぼえてしまうくらい、ヤスはその歌をよく歌っていました。

あるとき、清一郎とタダシを東京からつれてきてくれた宮本了吾《みやもとりょうご》さんが、清一郎にハーモニカを教えてくれました。

清一郎には、頭にしみついているメロディがありました。歌の題名も、歌詞《かし》も思い出せませんでしたが、三拍子《びょうし》の、ゆっくりした曲。かあちゃんがよく歌っていた歌です。

かあちゃんのお墓《はか》も、写真も、形見になるものは何も残っていません。清一郎とかあちゃんをつなぐものは、記憶《きおく》に残っているこの歌だけです。

（どうしてもあの曲を吹《ふ》けるようになりたい。天国のかあちゃんに聞かせてやりたい）

「先生、この歌知りませんか？」

清一郎がメロディを鼻歌で歌ってみせると、宮本さんは、

「ああ、それは、『浜千鳥《はまちどり》』という曲だね」

と教えてくれました。

♪青い月夜の　浜辺には
親を探《さが》して　鳴く鳥が
波の国から　生まれ出る
ぬれたつばさの　銀の色♪

さっそく、吹《ふ》き方を教えてもらって練習しました。

吹いていると、かあちゃんのことや、神戸《こうべ》の三宮《さんのみや》で暮《く》らした記憶《きおく》がよみがえってきて、自然に涙《なみだ》が出てきます。

そばで聞いていた柳沢《やなぎさわ》さんも、

「きっと、天国のおかあさんに聞こえてるよ」

と言って泣きました。

曲の最後の方は息を吸《す》うところが多いので、泣きながら吹いていると呼吸《こきゅう》が苦しくなります。泣くのをやめようと思っても、胸《むね》いっぱいにあふれる、かあちゃんへの思いはどうしようもなく、苦しくなって、いつも最後まで吹くことができませんでした。

十二人の仲間たちは、それぞれに悲しい思い出を持っていましたが、恵愛学園《けいあいがくえん》で暮らし、学校に通ううちに、しだいに人間らしい生活の感覚をとりもどしていきました。

恵愛学園、通称《つうしょう》〝松代《まつしろ》の学習院〟の庭には、大きな桜《さくら》の老木がありました。その桜の下で、みんなでつくった替《か》え歌をよく歌いました。

もとの歌は、自分たちの命を桜の花にたとえ、仲間とともにきれいに咲《さ》き、国のために見事に散《ち》りましょう、という戦争中よく歌われていた軍歌《ぐんか》でした。

これを仲間たちは、

「おれたちみんなは、浮浪児《ふろうじ》仲間」

「咲いた花だが、散るのはいやだ」

そして声をあわせて、

「みごと咲きましょう、母のため」

「あつい命の、血が通う」

と歌ったのです。

ある日、アキラのおとうさんから手紙が届《とど》きました。

あのあとアキラの遺体《いたい》がどうなったか、たずねてまわったということでした。

アキラの命をうばったアメリカ兵はアメリカに帰ってしまっていましたが、一緒《いっしょ》にいた若《わか》い日本人の女性を探《さが》し出し、話を聞くことができたのです。

アメリカ兵は、周囲《しゅうい》に見つかることを怖《おそ》れ、基地《きち》にあったゴミを焼くための大きな焼却炉《しょうきゃくろ》でアキラの遺体を焼いてしまったことがわかりました。

おとうさんは花と線香《せんこう》を持ち、焼却炉に行ってみました。アキラの骨《ほね》や手がかりになるものは何も残っていませんでしたが、そこにあった灰《はい》を持って帰ってきた、といいます。手紙の最後には、

〝これで、おじさんもひとりぼっちになってしまった。アキラの分も、がんばって生きてや〟

と書かれていました。

(ゴミと一緒に焼かれたのか……!)

清一郎の胸《むね》に、小柄《こがら》だったアキラの笑顔が浮《う》かびました。

（アキラ……）

こぼれ落ちた涙《なみだ》で手紙がにじみ、読めなくなるほど、清一郎は泣きました。

小学校から数十分歩くと、千曲川《ちくまがわ》があります。暖《あたた》かくなると、よく泳ぎに行きました。

緑につつまれ、ゆったりと流れる千曲川のそばには、ポプラの木がたくさん生《は》えていました。

（ポプラは堂々《どうどう》としてるな。おれもあんなふうに生きていきたいな）

「アキラ、お前の分も生きたるで！」

生まれ育った神戸《こうべ》の言葉は、もうあまり出てこなくなっていましたが、気合いを入れようと腹《はら》に力を入れると、自然と神戸弁《べん》になります。

（金庫で暮《く》らして、水をかけられて、野良犬《のらいぬ》と呼《よ》ばれて、つらい思い出ばっかりやったな。それでも、おれが生きているかぎり、アキラとすごしたことは忘《わす》れへん）

空に向かい、枝《えだ》を差しのべているようなポプラの下で、清一郎は誓《ちか》いました。

第十章　旅立ち

清一郎《せいいちろう》が中学校へ進むころには、村の子どもたちと仲良くなり、恵愛学園《けいあいがくえん》に遊びに来てくれるほどになりました。

十二人の仲間には、生徒会《せいとかい》の役員《やくいん》や、学級委員をつとめる子も出てきました。

清一郎は野球部のキャプテンになりました。

充実《じゅうじつ》した学校生活はあっという間にすぎ、清一郎は中学三年生になりました。

恵愛学園にいられるのは中学校三年生までです。ふるさとがない戦争孤児《こじ》たちは、施設《しせつ》を出たあと、住みこみで働ける場所を探《さが》さなければなりません。それぞれに将来《しょうらい》を考え、語りあうようになりました。

東京大空襲《だいくうしゅう》でおかあさんと妹をなくしたミノルは、

「おとうちゃんと同じ床屋《とこや》になりたい。かあちゃんとまりが死んだ、駒形橋《こまがたばし》の近くに店を出すんだ」

と言いました。

清一郎の夢《ゆめ》は、外国航路《がいこくこうろ》の船長です。

神戸《こうべ》にいたころ、とうちゃんと見に行った大きな船がずっと憧《あこが》れでした。まだ旅客機はなく、外国に行く手段《しゅだん》は客船しかなかったので、船乗りを夢見る若者はたくさんいました。

しかし、船乗りになるための商船《しょうせん》学校は、戦後の混乱《こんらん》で制度《せいど》が大きく変わっている最中《さいちゅう》でした。その影響《えいきょう》で、清一郎の年齢《ねんれい》で受験《じゅけん》できるのは、東日本では富山《とやま》県に一校のみ。難関《なんかん》です。第一、学費《がくひ》や生活費のあてもありません。そんなある日、

「セイちゃん、こんな話があるよ」

恵愛学園のおかあさんが見つけてきてくれたのは、戦争孤児のための特別奨学《しょうがく》金《きん》でした。入学試験に通れば、学費と生活費を出してくれるというものです。奨

学金の定員は全国で五人だけですが、夢《ゆめ》のような話でした。

その年、富山商船《とやましょうせん》高等学校では、三十人の定員に対して千二百人以上が受験《じゅけん》しました。

清一郎は見事、難関《なんかん》を突破《とっぱ》しました。

特別奨学金《しょうがくきん》の表彰式《ひょうしょうしき》の様子は新聞に載《の》り、恵愛学園《けいあいがくえん》のおかあさんがお赤飯《せきはん》を炊《た》いて祝《いわ》ってくれました。

旅立ちの日、庭の桜《さくら》の老木の下で手をつなぎ、みんなで「浮浪児《ふろうじ》仲間の歌」を歌いました。

「いつか必ず、またこの桜の下で会おう」

桜の下で十二人は誓《ちか》いあい、巣立《すだ》っていきました。

清一郎は、富山商船高等学校の寮《りょう》から、恵愛学園のおかあさんに手紙を書きました。

「おかあさん、ぼくが立派《りっぱ》な船員、いや、船長になるのを待っていてください」

一年生の終わりにあった日本一周の航海実習《こうかいじっしゅう》で、忘《わす》れられないできごとがありました。

海の貴婦人《きふじん》と呼《よ》ばれる「海王丸《かいおうまる》」に乗って、神戸《こうべ》に寄港《きこう》したのです。

しかし清一郎は船を降《お》りず、ひとりで船内に残りました。

神戸は、清一郎にとって、うらみと悲しみの混《ま》じった、二度と帰りたくない場所になっていました。

教官や実習生に、なぜ船を降《お》りないのか聞かれても、理由は答えませんでした。

あの日々――空襲《くうしゅう》、たくさんの死体、とうちゃん、かあちゃん、シロ、アキラ――説明できる言葉など、見つかりません。

海王丸は、神戸港に一週間停泊《ていはく》しましたが、清一郎はその間、一度も船を降《お》りませんでした。

一九五三（昭和二十八）年三月十六日、昼すぎ。

船からタラップがはずされ、出航《しゅっこう》のあいさつをするため、清一郎たちはデッキに並び、「気をつけ」の姿勢《しせい》で神戸《こうべ》港を向きました。

「ボォオ―――――ッ」

長声一発《ちょうせいいっぱつ》と呼《よ》ばれる長い汽笛《きてき》が、出航を告《つ》げました。町を抱《だ》くようにたたずむ六甲山《ろっこうさん》が見えます。海王丸《かいおうまる》は、ゆっくりと神戸《こうべ》港を離《はな》れていきます。

清一郎は、こみあげそうになるものを必死にこらえ、奥歯《おくば》をかみしめました。

それが、神戸を見た最後です。

デッキから見た風景は、あれから六十年以上がすぎた今でも、清一郎の胸《むね》に残っています。

海王丸の航海実習《こうかいじっしゅう》を終えた清一郎の夢《ゆめ》は、あっさり打ちくだかれました。

突然《とつぜん》、奨学金《しょうがくきん》が届《とど》かなくなったのです。奨学金のもとになるお金がなくなって

しまった、ということでした。

学費《がくひ》がはらえなければ、退学《たいがく》しなければなりません。清一郎は、富山《とやま》の新湊《しんみなと》という市場の漁船に乗り、毎朝四時から働きました。しかし、とても学費の足しになりません。さらに悪いことに、体を壊《こわ》してしまいました。

どこからも救《すく》いの手は差しのべられず、結局二か月後、退学せざるを得ませんでした。

清一郎は東京にもどって住みこみの仕事を探《さが》し、そこで働きはじめました。最初に紹介された旋盤工《せんばんこう》（工場で金属《きんぞく》を切ったり、削《けず》ったりして加工する仕事をする人）の仕事は、朝七時半から夜七時半まで。十二時間労働はとてもきつく、毎日くたくたでした。さらに削った鉄くずが目に入り、目を痛《いた》めてしまいました。

そんな生活の唯一《ゆいいつ》のなぐさめは音楽でした。

清一郎は、ときどき若旦那《わかだんな》楽団《がくだん》という楽団の手伝いをしていましたが、楽団に仲良くなった女の子がいました。

女の子はチイちゃんといい、公演《こうえん》のあい間に清一郎と卓球《たっきゅう》をして遊びました。

あるとき、チイちゃんが言いました。

「セイちゃんみたいな子はさ、やっぱり、絶対《ぜったい》に学校行っといた方がいいよ。夜《や》間《かん》の定時制《ていじせい》高校があるから、そういうところに通ったら?」

泣く泣くやめた学校です。チイちゃんに強くすすめられて、あきらめきれない思いがよみがえってきました。

(やっぱりなんとかして、学校に通いたい)

神田《かんだ》の書店に住みこんで働きながら夜間の定時制高校に入ったのは、十九歳《さい》の春です。

その翌春《よくしゅん》、九段下《くだんした》の舞《ま》い散《ち》る桜《さくら》の下で、ばったりミノルに会いました。ミノルは、床屋《とこや》で修業《しゅぎょう》をしながら、理容師免許《りようしめんきょ》(床屋になるために必要な資格《しかく》)をとるために学校に行っているといいます。

東京大空襲《だいくうしゅう》の夜、おかあさんと、三歳《さい》だった妹のまりを亡《な》くした隅田川《すみだがわ》の駒形橋《こまがたばし》の近くに床屋《とこや》を持つという夢《ゆめ》を追い続けていました。

「また来年、この桜《さくら》の下で会おう」

ふたりはかたく誓《ちか》いあって別れました。


夜間《やかん》の定時制《ていじせい》高校に通いながら働く日々は、きびしいものでした。

教科書を買うお金がなくて、友達から借りて書き写しました。

住みこんでいた書店がつぶれたあとは、酒屋や食堂に住みこみました。

働きながら学費《がくひ》と生活費を稼《かせ》ぐ暮《く》らしはあまりにもきつく、未来の見えない毎日に、清一郎は疲《つか》れきってしまいました。

ジワジワと深く心にしのびこんでくるのは、強烈《きょうれつ》な孤独感《こどくかん》でした。

(この世でひとりぼっちだ。帰る場所がどこにもない。待っていてくれる人もいない)

孤独とともに襲《おそ》ってくるのは、底なし沼《ぬま》のような絶望《ぜつぼう》でした。

（おれのような浮浪児《ふろうじ》は、何をしたってだめだ。奨学金《しょうがくきん》のときだってそうだった。努力しても、どうせ報《むく》われない。だれも助けてくれない）

死が頭をよぎります。積極的《せっきょくてき》に死にたいというより、生きている意味がわからない。もう生きることをやめてしまいたい、という感情でした。

（疲《つか》れた……。もう、終わりにしてもいいかな）

旋盤工《せんばんこう》をしていたときに手に入れた青酸《せいさん》カリ（毒薬《どくやく》）を持ち、下宿《げしゅく》を引きはらって信越線《しんえつせん》の夜行列車に乗りました。遺書《いしょ》を書こうかとも思いましたが、のこしたい相手がいないことに気づいて、結局書きませんでした。

信越線を選んだのは、心のどこかに、

（恵愛学園《けいあいがくえん》のおかあさんに行きあって、顔を見てから死のう）

という意識《いしき》があったからです。行きあう、というのは信州《しんしゅう》の方言《ほうげん》で「会う」という意味です。

夜行列車は満員《まんいん》でした。洗面所《せんめんじょ》にしゃがんで夜を越《こ》しました。

（なんでおれだけ、こんな人生なんだろう）

答えのない問いを、ひとりでくりかえしました。

これまで自分の命を必死につないできた、緊張《きんちょう》の糸がぷっつりと切れたような感覚でした。せつなくて、涙《なみだ》があふれてきました。

（おれもう、ここで終わりか……）

ゴトンゴトンと揺《ゆ》れるレールの音。ときどき鳴らされるビィーッという汽笛《きてき》が、清一郎の胸《むね》を引きさくように響《ひび》きました。

長い夜が明けたとき、ふと、

（おれが死んだら、とうちゃん、かあちゃん、アキラたちのことも、ぜんぶ終わっちゃうのかな）

そんな思いが胸をよぎりました。

寒さをしのぐために、浮浪児仲間と夜汽車に乗っていたころのことがよみがえってきました。

（それでいいのか！）

差しこんできた朝の光の中で、ふいに、どなるような声が、胸《むね》の中に響《ひび》いてきました。

（お前、そんな、かんたんに死んでもええのか!!）

目の前で死んでいった大切な人たちのことが、胸をえぐるように浮《う》かんできました。

（そうだ。おれは死んではいけないんだ）

どこからかわき出てくる、はげしい熱《ねつ》のような力に励《はげ》まされ、清一郎は涙《なみだ》をふきました。

（またがんばってみるか……。死んじゃだめだ）

列車を降《お》りた清一郎は、恵愛学園《けいあいがくえん》のおかあさん、柳沢優子《やなぎさわまさこ》さんに連絡《れんらく》して、長《なが》野《の》駅まで来てもらいました。

何を話したかよくおぼえていませんが、聞いてもらっているうちに落ち着きを

とりもどしました。柳沢さんは帰りの汽車賃《きしゃちん》がない清一郎にお金をわたし、

「困《こま》ったら、いつでもおかあさんのところに来て」

と声をかけ、見送ってくれました。

清一郎は東京にもどりましたが、死ぬつもりで荷物《にもつ》を処分《しょぶん》し、仕事をやめて部屋を引きはらってきたので、帰る場所がありません。住みこみで働けるところが見つかるまでの間、山手線《やまのて》に乗ってすごしました。

山手線の最終電車まで乗りっぱなしでぐるぐる回って時間をつぶし、電車が終わってからは駅のベンチで仮眠《かみん》して、また始発電車に乗り、東京を何周もしました。三十以上ある駅の名前をすべておぼえるほど、乗り続けました。

その後、板橋《いたばし》区の食堂に住みこみ、その後、また別の酒屋に移《うつ》って働きながら学校に通いました。いそがしく、孤独《こどく》な日々は変わりませんでしたが、死を考えて旅立ったことが、清一郎をひとつ成長させたようでした。

(人間、死ぬ気になれば、なんだってできる)

二十二歳《さい》の三月、清一郎は定時制《ていじせい》高校を卒業しました。

清一郎に進学を勧《すす》めてくれたチイちゃんと、その後会うことはありませんでした。

チイちゃんは、のちに島倉千代子《しまくらちよこ》という有名な歌手になりました。清一郎は、テレビで歌うチイちゃんの姿《すがた》を見るたびに（あのときはありがとう、チイちゃんもがんばってな）と胸《むね》の中でつぶやくことになります。

清一郎はそれからも住みこみで働き、明治《めいじ》大学夜間学部に進学しました。

ある日、日比谷《ひびや》公園の噴水《ふんすい》のベンチで、ばったりヤスと会いました。恵愛学園《けいあいがくえん》で一緒《いっしょ》だった、〝赤パンのヤス〟です。清一郎は、

「前にミノルとも会ったんだ。四月の第一週の日曜日、北《きた》の丸《まる》の桜《さくら》の木の下で会う約束《やくそく》にしてるんだ。ヤスも来いよ」

と誘《さそ》い、翌《よく》四月、清一郎、ヤス、ミノルの三人は久《ひさ》しぶりの再会《さいかい》を果たしました。

話はいつまでもつきず、また四月に同じ場所で会う約束をして別れました。

その年の秋、また、ばったりヤスに会いました。ヤスは少し元気がないようでした。

「戦争中、輸送船《ゆそうせん》（183ページ参照）に乗ってたとうちゃんが帰ってこないか、いろんな人に聞いたけど、輸送船はほとんどやられてしまって、無事に帰ってきた船はほとんどない、って言われたんだ。

とうちゃんは本当に死んでしまったのかもしれない。これから、何をあてにして生きていったらいいかわからない。目標《もくひょう》もない。将来《しょうらい》の夢《ゆめ》も持てない。不安なんだ」

恵愛学園にいたころから、ヤスがどれほどおとうさんを待ち続けていたか、清一郎はよく知っていました。ただ、うなずくことしかできませんでした。

その後、赤パンのヤスとも、床屋《とこや》を目指すミノルとも、再会することはできませんでした。清一郎は毎年、約束《やくそく》の日に約束の場所で待っていましたが、ふたりは現れなかったのです。

清一郎は大学三年になるとき、もう少ししっかり勉強がしたかったので、昼間の学部の編入試験《へんにゅうしけん》を受けて昼間部に入り、友人と下宿暮《げしゅくぐ》らしをはじめました。泥棒《どろぼう》以外のことはすべてやった、といえるほど、何十種類《しゅるい》もの仕事をしながら学校に通い、卒業《そつぎょう》したときは二十七歳《さい》になっていました。

清一郎は、中学校教師の採用《さいよう》試験を受けました。教師になることをすすめたのは、恵愛学園《けいあいがくえん》のおかあさんです。清一郎自身は最初、恵愛学園のような児童養護施設《じどうようごしせつ》の職員《しょくいん》になりたいと考えていました。もしあのとき、恵愛学園に来ていなかったら、まちがいなく今の自分はありません。恩返《おんがえ》しのためにも、自分と同じような子どものために働きたいと思いました。

清一郎に相談《そうだん》された恵愛学園のおかあさんは、

「セイちゃん、気持ちはわかるけど、もっと安定した仕事の方がいいよ。山村とか、先生がいなくて困《こま》ってる場所があるって聞いたことがあるよ。子どもの役に立ちたいなら、そういうところの先生がいいんじゃない？」

とアドバイスしました。

清一郎は中学教師の採用試験に合格《ごうかく》し、埼玉県秩父郡《さいたまけんちちぶぐん》に赴任《ふにん》することが決まって、三月末、東京を離《はな》れることになりました。

東京を離れる前に、どうしてもミノルのことが気になったので、ミノルが修業《しゅぎょう》していた駒形橋《こまがたばし》の近くの床屋《とこや》を探《さが》しに行きました。

床屋はすぐに見つかりましたが、床屋の主人から聞いたのは、思いがけない話でした。

「ミノルは去年の三月十日の早朝、駒形橋の近くの路上でひき逃《に》げされて死んでしまった。ミノルは毎年、東京大空襲《だいくうしゅう》があった三月十日の朝、駒形橋にお参《まい》りに行き、死んだおかあさんと妹のまりに花を供《そな》えていた。

ミノルは即死《そくし》だった。道路一面に血が流れて、ミノルの手には花がにぎられたままだった。ミノルは『かあちゃんとまりが死んだ浅草《あさくさ》で店を持つんだ』と言って、一生懸命《いっしょうけんめい》働いて貯金《ちょきん》していたのに。本当にかわいそうだ。ひき逃《に》げした車も見つかっていない」

床屋《とこや》の主人は、涙《なみだ》をこらえながら話してくれました。

「ミノル、なんで死んでしまったんだ……。〝松代《まつしろ》の学習院〟で『みごと咲《さ》きましょう』って約束《やくそく》したのに……」

清一郎は駒形橋《こまがたばし》へ行きました。道路に花をささげ、

「おまえの分まで生きるからな」

とつぶやきましたが、あまりの悲しみで、しばらく座《すわ》りこんだままでした。

ヤスがどうなったのかは、わかりませんでした。

後年、清一郎は、ヤスが昔よく歌っていた歌を手がかりに、ラジオ番組にメッ

セージを送り、呼《よ》びかけてもらったこともありますが、今も消息《しょうそく》はわかりません。

一九六二年（昭和三十七年）三月三十一日

埼玉《さいたま》県秩父郡《ちちぶぐん》に旅立つために東京を離《はな》れる日。

清一郎は、かつて浮浪児《ふろうじ》としてさまよった浅草、池袋《いけぶくろ》、新宿《しんじゅく》を歩いてみました。戦争から十七年がすぎ、すさんだ風景はなくなっていました。上野《うえの》駅の地下道も、きれいになっていました。

ふと、側溝《そっこう》の近くに行くと、あの強烈《きょうれつ》なにおいが漂《ただよ》ってきました。においだけは、昔のままでした。

においとともに、苦しみながら死んでいった名古屋の少年の姿《すがた》が浮《う》かびました。真っ黒な顔、はだしで目だけをギラギラさせていた、子どものころの自分が見えました。

清一郎は、思わず崩《くず》れるように、側溝《そっこう》のそばにひざをついてしまいました。

涙《なみだ》が、あとからあとから出てきました。

(終わった……)

これからがスタートなのに、終わった、終わったんだ、という言葉ばかりが浮《う》かんできます。

(おかあさん、あなたの息子はここまで生きてきました)

胸《むね》の中で呼《よ》びかけながら、清一郎はいつまでも立ち上がれず、泣き続けました。

エピローグ　―歌えない歌―

「自分はなぜ生きてくることができたのか。やっぱり、生きたあかしを残したかったんだと思います。

戦争孤児《こじ》になってから自立するまでの十七年間、生きることは、たったひとりの戦いでした。教師になってからの三十四年間は、人とつながる人生。充実《じゅうじつ》していてあっという間だった。私の人生は、はっきり二つに分かれますね」

山田清一郎さんは、静かに言いました。

あれから、神戸《こうべ》には一度も帰っていません。

「商船《しょうせん》学校のとき、海王丸《かいおうまる》のデッキから見たのが最後です。二度と帰りたいとは思わない。うらみしか残っていない、捨《す》てたふるさとです。

母との思い出の歌『浜千鳥《はまちどり》』だけが、悲しいですがただひとつ、形のあるものです。

だから、みんな知っている『ふるさと』の歌は歌えません。私たち戦争孤児たちに、ふるさとはないんです」

山田さんは、教師になったあと結婚《けっこん》し、ふたりの子どもに恵《めぐ》まれました。今は、孫《まご》もいます。

奥《おく》さんは、恵愛学園《けいあいがくえん》の保育士でした。山田さんが大学生のころ、恵愛学園で子どもたちのめんどうを見るボランティアをしていて出会いました。山田さんが、

「わたしにとって、ナンバーワンで、オンリーワン」

という、優《やさ》しい女性です。

「でも、わたしのように、仕事や家庭を持って、その後の人生をどうにか歩いてこられた戦争孤児はあまりいないです。特に、浮浪児《ふろうじ》として生きていた子にはめずらしいんじゃないかな。

なんとかやってこられたのは、偶然《ぐうぜん》の重なりでしかない。数えきれない分かれ道があって、どれか一つでもちがっていたら、今はなかった。

人生論《じんせいろん》は言えないし、言いたくない。苦しみを乗りこえて生きてきたけど、こういう人生を歩め、なんて語れるようなものじゃない」

ただね、と山田さんは、声に力をこめました。

「『生きてこそ命』とだけは言いたいですね。死にたいと思ったことは一度や二度じゃないし、実際《じっさい》に死のうとしたこともあったけど、あのとき生きてよかった、だから今がある。本当に、そう思います」

——おれたちみんなは、浮浪児《ふろうじ》仲間

両親やきょうだいを殺《ころ》され、はりさけそうな悲しみを抱《だ》いて、路上で生きていた子どもたち。

――咲いた花だが、散《ち》るのはいやだ

浮浪児、野良犬《のらいぬ》、と石を投げられ、だれにも知られることなく、倒《たお》れていった子どもたち。

あれから七十年以上がすぎ、神戸《こうべ》市三ノ宮《さんのみや》の駅も、上野《うえの》駅も、きれいでおしゃれな建物に変わり、人びとが足早に通りすぎていきます。

全国に十二万人以上いた、たくさんのセイちゃんやアキラ、ミノルやヤスたちの声は、時代が流れていく大きな音にかき消されそうです。

私は耳をすまして、その声を聞こうとしました。

みなさんには、届《とど》いたでしょうか……。

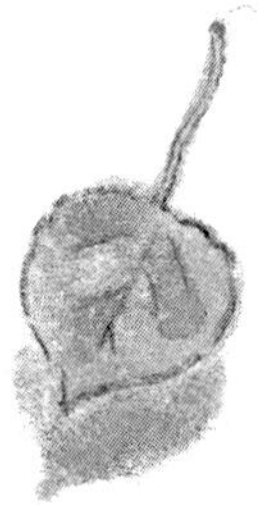

あとがき

原稿《げんこう》を書き終えた二週間後、私は、自分の住む、東京のはずれの小さな町のベンチで、ひとりのホームレスのおじいさんと向かい合っていました。

体にしみとおるような、寒い夜でした。

「あなたは知ってるかわからないけど、昔は、電柱が木でできてたんだよ。その電柱が燃《も》えるのがめずらしくて、思わず立ち止まって見てたんだね……、それで母親とそのままはぐれたんだ。母親は、おれを探《さが》しまわって焼け死んだんじゃないかな。父親も弟たちも、全員《ぜんいん》生死は不明だけど、死んだと思う」

ナナシさんというそのおじいさんは、昭和十年生まれ。東京の下町、本《ほん》所《じょ》に住んでいて、一九四五年三月十日の東京大空襲《だいくうしゅう》で両親と弟たちを失い、戦争孤児《こじ》になりました。当時、国民《こくみん》学校四年、セイちゃんと同い年です。

そして本所《ほんじょ》といえば、セイちゃんと一緒《いっしょ》に恵愛学園《けいあいがくえん》に行ったタダシが、昔住んでいたところです。もしかしたらご近所さんだったかもしれません。

私は、このナナシさんが戦争孤児《こじ》であることを、たまたま、週二回ご飯を届《とど》けている近所のボランティアさんから聞いたのでした。

「焼け跡《あと》で親を探《さが》しまわって、上野《うえの》の地下道で暮《く》らして、それからずっと放浪暮《ほうろうぐ》らし。学校はそのまま行けなかったから、四年生で終わり。だから、漢字《かんじ》とひらがなも読めなくはないけど、あんまり得意《とくい》じゃない。

おれの戸籍《こせき》？　ないだろうけど、残ってたら、東京大空襲《だいくうしゅう》で死亡《しぼう》したってことになってるんじゃないかな。そういうものといっさい関係なく生きてきたから、調べたこともないけどね」

ナナシさんは、戦争孤児になった日から今日までの七十年以上、一度も畳《たたみ》の上で寝《ね》たことがないそうです。

「空襲の日から今日まで、東京の町をあっちこっち。東京しか行くところはないから。日やといで働くこともあったけど、ずっと野宿《のじゅく》。もうずっとこの暮らしだから、つらいとかそういうのは別にない。

若《わか》いころは、ふつうの暮らしをしたいと思ったこともあったよ。住みこみでやとってもらおうとして、たくさん面接《めんせつ》も受けた。でも、浮浪児《ふろうじ》で、身元を保証《ほしょう》する人もいないから、何するかわからないって断《ことわ》られ続けた。そのころは中学校を卒業《そつぎょう》したばっかりの若者が『金の卵《たまご》』なんてもてはやされてね、若い労働力が必要とされた時代だったんだ。なのに、おれはどこにもやとってもらえないんだよ。どんな気持ちかわかる？

それで二十歳《さい》のころ、あきらめた。一生このままでいい、ゴーイングマイウェイ、だれにも頼《たよ》らないで生きようって。気持ちを切りかえなきゃ、やってられなかった」

気がつくと一時間以上すぎていて、私をナナシさんのところにつれてきてくれたボランティアの男性が、熱《あつ》い缶《かん》コーヒーを買ってきてくれました。

冷えこみがきびしくなってきて、飲むそばからぬるくなっていきます。

「あなたがなんでおれの話なんか聞きたいのかわかんないけど、信じられないでしょ。東京大空襲《だいくうしゅう》だって、孤児《こじ》になってからのことだって、経験《けいけん》してない人には想像《そうぞう》もつかないと思うよ。何千という遺体《いたい》が隅田川《すみだがわ》を埋《う》めつくして、それが河口《かこう》に流れついて。流れついた死体の中から、みんな家族を探《さが》そうとしてね。経験してない人が、いくらおれの話聞いたって、わかんないし、信じないよ。おれはいつもそう思ってる」

ナナシさんは続けました。

「おれは、国がどんなことするのかっていうのだけは興味《きょうみ》があって、そのへんに捨《す》ててある携帯《けいたい》ラジオ拾って、ニュースはいつも聞いてる。新聞も捨ててあるの拾って読む。

今の人は、スマホとか、パソコンとかインターネットとか、自分たちでつくったものに自分でふりまわされてて、こっけいに見えるね。こんな世の中が来るなんて、想像もできなかったよ」

ナナシさんは、ボランティアの人たちがどんなにすすめても、施設《しせつ》に入ろうとはしません。

「だれの世話にもならないで生き抜《ぬ》いてやるって、何十年も前に心に決めたことを、今さら変えられないよ。死んでたまるか、って気持ちだけで生きてきた。百五十歳《さい》まで生きてやる、って思ってたころもあったな」

そして、少しさびしそうに付け足しました。

「助けてくれるなら、子どものときに助けてほしかったよ」

ナナシさんは、街灯《がいとう》に照らされた緑道《りょくどう》のベンチの上に、ごろりと横になりました。


あの戦争は、続いていました。

私たちが暮《く》らしている場所の、すぐそばで。

・神戸新聞　昭和 20 年 10 月 28 日
・神戸市葺合区勢要覧 昭和 11 年　国会図書館デジタルライブラリー
・時局防空必携・昭和十八年改訂　国立公文書館デジタルアーカイブ
・神戸市戦災燒失區域圖　国会図書館所蔵
・最新實測大神戸市街地圖　1941 年　国会図書館所蔵
・兵庫県学童疎開関係史料集成 第一輯（『神戸新聞』篇）人見佐知子・編　甲南大学人間科学研究所
・ラジオ放送番組確定表　昭和 20 年（大阪） NHK 放送博物館
・太平洋戦争と長岡空襲　長岡戦災資料館
・太平洋戦争 海に消えた船たち　東京新聞「大図解（No.747）」
・神戸スタディーズ ♯ 6　“KOBE”を語る GHQ と神戸のまち　デザイン・クリエイティブセンター神戸
・占領下日本の都市空間に関する史的研究 ―神戸におけるヤミ市の生成と展開に着目して―　村上しほり　http://www.lib.kobe-u.ac.jp/repository/thesis2/d1/D1006169.pdf

〈web〉

・(YouTube) 残された「空襲警報」～録音盤は語る～ NHK ラジオ深夜便 明日へのことば 2015.8.15　https://goo.gl/J777ak
・(YouTube) 残された「空襲警報」～録音盤は語る 2 ～ NHK ラジオ深夜便 明日へのことば 2015.9.12　https://goo.gl/h6XCOI

〈参考書籍〉

・『奪われたいのちの重さ』山田清一郎・著　郁朋社
・『俺たちは野良犬か！ それでも生きた孤児たち』山田清一郎・著　郁朋社
・『草創をふりかえる』社会福祉法人八葉会 恵愛学園
・『私のあゆみ』 柳沢優子・著　秋桜社出版サービス部
・『日本の空襲 6 近畿』 日本の空襲編集委員会・編　三省堂
・『日本空襲の全貌』 平塚柾緒・編著　洋泉社
・『ある中学生の戦中日記　阪神空襲実録』 高瀬湊・著　東方出版
・『僕たち“神戸っ子”の「少国民」時代　あのころ、日本は戦争をしていた』 高瀬湊・著　神戸新聞総合出版センター
・『神戸市史』 神戸市役所・編刊
・『神戸市史紀要 神戸の歴史 第13号』神戸市市長総局・編刊
・『阪神大空襲　戦後60年から明日へ』 神戸空襲を記録する会　神戸新聞総合出版センター
・『新修神戸市史　歴史編Ⅳ　近代・現代』 新修神戸市史編集委員会　神戸市
・『B-29操縦マニュアル』米陸軍航空隊・編著　仲村明子／小野洋・翻訳　野田昌宏・監修　光人社
・『朝日年鑑』1946年版　朝日新聞社
・『養育院 百年史』 東京都養育院・編　東京都
・『戦下のレシピ　太平洋戦争下の食を知る』斎藤美奈子・著　岩波書店

〈参考資料〉

・海王丸航海記録（ログブック）昭和28年　海技教育機構
・朝日新聞縮刷版＜復刻版＞昭和20年7-12月　朝日新聞社・日本図書センター

竹内早希子（たけうち さきこ）

1975年生まれ、神奈川県出身。著書に、『奇跡の醤－陸前高田の老舗醤油蔵 八木澤商店 再生の物語』(2016年 祥伝社)、同書台湾語版発行(2018年)。『ふしぎなカビ オリゼー 千年の物語』(2018年 岩崎書店／2019年神奈川県優良図書選定)がある。

石井　勉（いしい つとむ）

1962年千葉県生まれ。おもな絵本作品に『ばあばはだいじょうぶ』（童心社）「絵本子どもたちの日本史」（全5巻・大月書店）『きつねの童子 安倍晴明伝』（子どもの未来社）『オタマジャクシつかまえた！』（文研出版）『またおいで』（あかね書房）など多数ある。

命のうた　ぼくは路上で生きた 十歳の戦争孤児

2020年　7月　3日　　第一刷発行

著者………………竹内早希子
絵…………………石井　勉
発行所……………株式会社童心社　https://www.doshinsha.co.jp/
〒112-0011 東京都文京区千石4-6-6
電話 03-5976-4181（代表） 03-5976-4402（編集）
製版・印刷………株式会社光陽メディア
製本………………株式会社難波製本

ISBN978-4-494-02067-6
Published by DOSHINSHA　Printed in Japan.　NDC916／227P／19.4 × 13.4cm